# Competencias, cambio y coaching

SANTIAGO LAZZATI
MATÍAS TAILHADE
MERCEDES CASTRONOVO

# Competencias, cambio y coaching

**GRANICA**
ARGENTINA - ESPAÑA - MÉXICO - CHILE - URUGUAY

© 2015 *by* Ediciones Granica S.A.

**ARGENTINA**
Ediciones Granica S.A.
Lavalle 1634 3º G
C1048AAN Buenos Aires, Argentina
granica.ar@granicaeditor.com
atencionaempresas@granicaeditor.com
Tel.: +5411-4374-1456
Fax: +5411-4373-0669

**MÉXICO**
Ediciones Granica México S.A. de C.V.
Valle de Bravo Nº 21 Col. El Mirador Naucalpan Edo. de México
(53050) Estado de México - México
granica.mx@granicaeditor.com
Tel.: +5255-5360-1010
Fax: +5255-5360-1100

**URUGUAY**
granica.uy@granicaeditor.com
Tel: +59 (82) 413-6195 FAX: +59 (82) 413-3042

**CHILE**
granica.cl@granicaeditor.com
Tel.: +562-810-7455

**ESPAÑA**
granica.es@granicaeditor.com
Tel.: +3493-635-4120

Diseño de tapa: GUSTAVO WALD

www.granicaeditor.com

Reservados todos los derechos, incluso el de reproducción en todo o en parte, en cualquier forma

**GRANICA** es una marca registrada
ISBN 978-950-641-861-8
Hecho el depósito que marca la ley 11.723
Impreso en Argentina. *Printed in Argentina*

---

Lazzati, Santiago C.
  Competencias, cambio y coaching / Santiago C. Lazzati ; Matías Tailhade ; Mercedes Castronovo. - 1a ed. - Ciudad Autónoma de Buenos Aires : Granica, 2015.
  248 p. ; 13 x 17 cm.

  ISBN 978-950-641-861-8

  1. Coaching. 2. Competencia. I. Tailhade, Matías II. Castronovo, Mercedes III. Título
  CDD 650

Competencias, cambio y coaching

# Índice general

Agradecimientos — 9

Prólogo de Hugo Hirsch — 11

Introducción a la colección "Management en Módulos" — 13

Introducción al libro *Competencias, cambio y coaching* — 15

Índice de módulos — 17

Relación entre los módulos — 20

Mapa de navegación — 22

Módulos — 25

Bibliografía consultada — 239

Apéndice — 243

## Agradecimientos

Los tres autores por igual agradecen:

A Hugo Hirsch, quien viene siendo nuestro maestro en temas de psicología y también de la vida, tanto para los dos jóvenes como para el "viejo".

A nosotros mismos, por haber sabido trabajar en equipo.

A Ariel Granica, dueño y director de Ediciones Granica, quien ha confiado en el proyecto de esta colección, esperando que no se arrepienta.


Santiago Lazzati agradece:

A mis hijos, Alejandra, Diego y Paula, por el gran apoyo que siempre me han brindado, pero especialmente durante 2013, en que perdimos a Susana, su madre y mi pareja y esposa durante 59 años.

A mis amigos, cada día más importantes para mí, que me perdonan defectos contradictorios con ciertas opiniones que doy acerca del comportamiento humano (a veces la tengo clara, pero no me sé controlar).

A la gente de Deloitte, que me ha facilitado mi dedicación a esta obra.


Matías Tailhade agradece:

A mi mujer, Inés Galli, quien me brindó siempre todo afecto y apoyo, y es un ejemplo para mí en muchos aspectos.

A Beltrán y Graciela, que dieron todo por mi desarrollo personal.

A Santiago Lazzati, ex jefe, hoy gran amigo, referente profesional, quien me ha acompañado en todo mi desarrollo profesional.


Mercedes Castronovo agradece:

A mi marido, Julián Vallés, por su constante cariño e incondicional apoyo, y por estar siempre presente, tanto para mí como para nuestra adorada hija.

A mis padres, Eleonora y Carlos, y a mis hermanos, Natalia y Damián, por tolerar y alentar la elección de mi carrera profesional y por acompañarme siempre.

A Santiago Lazzati, quien me enseñó un modo de trabajar que se transformó en una manera de pensar, y de quien aprendo en cada encuentro y proyecto en común.

## Prólogo

Este es un libro sobre temas psicológicos. En la mayoría de las facultades de psicología del país, su contenido resultaría un tanto extraño. Quizás una razón de ello sea que el punto de partida de los autores es la necesidad de dar respuesta a una gran variedad de temas que surgen diariamente en la vida de los individuos que trabajan en organizaciones.

Todo aquel que forme parte de una organización, en cualquier nivel, encontrará que los temas aquí abordados se aplican a la vida cotidiana. A la propia, a la de sus jefes, a la de sus colegas y a la de todas las personas que trabajan en torno a él o ella. No importa cuál elija; si se toma el trabajo de pensar un rato, puede ver cómo se aplica a un aspecto de la vida diaria.

¿Cómo aprenden los adultos? ¿Qué ambientes organizacionales favorecen ese aprendizaje? ¿Cómo cambian las personas? ¿Y las organizaciones? ¿Qué nos hace difícil cambiar? ¿Cómo ayudarnos a nosotros mismos y a otros a hacerlo? Si pudiésemos pensarnos y pensar a otros todo el tiempo con las herramientas que este libro nos propone, la vida sería más sencilla, tanto para los otros como para nosotros mismos. Eso nunca va a ocurrir del todo, pero si el lector se detiene en al menos algunos de los conceptos y prácticas que se exponen aquí, probablemente algo mejorará. Mucho o poco, depende de él y de las circunstancias, pero algo siempre se podrá lograr.

Pasamos mucho tiempo de nuestra vida en las organizaciones. Lo que ocurre en ellas puebla nuestro paisaje mental. Si cambiamos, o si ayudamos a cambiar a otros, el paisaje puede mejorar. Cuando el paisaje es más agradable, la gente se siente mejor. Ese paisaje está dentro y fuera de nuestras cabezas y se puede mejorar dentro y fuera de ellas.

Mantengo una fuerte relación con los autores desde hace largos años y creo conocerlos mucho. Si algo los caracteriza es una curiosidad apasionada, animada por buena voluntad. Descuento que todos los lectores de este libro habrán de compartir ambas características. Es difícil que alguien sin curiosidad psicológica lea este libro. La buena voluntad es la de entenderse a sí mismo y a los demás, y cambiar lo que es posible cambiar.

**Hugo Hirsch**

## Introducción a la colección "Management en módulos"

Este libro es el tercero de una colección de libros sobre management que se caracteriza por una estructura común que organiza los contenidos temáticos en módulos. Un módulo es una unidad más bien pequeña, en general de una a tres páginas, correspondiente a un aporte valioso que puede ser un concepto fundamental, un modelo, una metodología, una herramienta de análisis, una guía de acción, etc.; o bien una combinación de estos elementos. Cada uno de los módulos muestra un gráfico representativo del tema que aborda.

Obviamente, el tratamiento adecuado de ciertos temas requiere una extensión superior al alcance que le damos a un módulo. Sin embargo, esto no es un impedimento porque, con un enfoque que va de lo general a lo particular, se arma un primer módulo de carácter abarcativo, y en módulos subalternos se avanza sobre los contenidos pertinentes. Por ejemplo, la metodología de resolución de problemas y toma de decisiones comprende tres etapas básicas: formulación del problema, desarrollo de cursos de acción e implementación; entonces en un módulo general se enuncian dichas etapas sin entrar en mayor detalle, en otros módulos se trata respectivamente cada una de dichas etapas, y como estas a su vez se dividen en pasos, en módulos adicionales aún más específicos se analizan los pasos.

Además de las relaciones que van de lo general a lo particular, y viceversa, como las ejemplificadas en el párrafo precedente, existen muchas otras relaciones de distinto tipo. Por ejemplo, entre la implementación de la estrategia y la gestión del cambio, entre la gerencia y el liderazgo, etcétera.

La estructura en módulos, y las múltiples conexiones entre ellos, permite navegar en los contenidos conforme a la preferencia del lector. Por ejemplo, donde existe un esquema subyacente de género a especie, uno puede entrar por lo más general para ir profundizando a medida que lo necesita, o dirigirse directamente al aspecto específico que le interesa en el momento; por otra parte, se puede recorrer las páginas echando una hojeada, para concentrarse en aquellos módulos que disparan la atención; o bien puede usarse el texto como si fuese un diccionario, buscando directamente el concepto, entre otras maneras de encarar la lectura.

Dadas las múltiples alternativas de acceso o navegación, hemos preferido ordenar los módulos por orden alfabético, de manera de facilitar su ubicación. Además, en cada módulo se hace referencia a los otros módulos que tienen conexiones significativas.

Hemos optado por no indicar la bibliografía correspondiente a cada módulo, porque esto habría demandado una labor excesiva y de dudoso valor agregado, por la tremenda dispersión de referencias. Sin embargo, en ciertos módulos nos ha parecido oportuno citar aquella obra que constituye la fuente fundamental del módulo. Por otro lado, incluimos una bibliografía general que indica los principales libros tomados en cuenta para desarrollar la obra.

Pensamos que esta colección habrá de ser útil tanto en el ambiente académico (docentes, investigadores y alumnos) como en el empresario. Estamos convencidos de que su estructura es propicia para adquirir, reforzar, confirmar u ordenar conocimientos de manera eficaz y eficiente.

Además, puede servir de base para que cualquier empresa encare un proyecto que –creemos– puede ofrecer grandes beneficios: desarrollar un conjunto de módulos propios adecuados a los objetivos estratégicos, políticas y procedimientos de la empresa que guíe sus actividades en materia de management y comportamiento humano. En este orden incluimos un Apéndice titulado "Sistema de módulos del conocimiento".

# Competencias, cambio y coaching

## Introducción

Esta obra trata sobre el comportamiento de las personas en la organización y comprende:

1. Un análisis del porqué de su comportamiento.
2. Una reseña de comportamientos positivos y negativos.
3. Ciertos conceptos y técnicas que consideramos útiles para encarar el cambio en el comportamiento.

Con respecto al primer campo, partimos de un análisis general de los FACTORES del comportamiento. Este análisis nos lleva a considerar las COMPETENCIAS y la MOTIVACIÓN de los miembros de la organización, así como también sus CARACTERÍSTICAS PERSONALES. Cada uno de estos temas se desglosa en función de sus respectivos contenidos, incluyendo módulos sobre la INTELIGENCIA, la PERSONALIDAD y los ESTILOS.

En cuanto al segundo campo, tomamos dichas competencias como marco de comportamientos positivos y la identificación de ciertos PROBLEMAS típicos como expresión de comportamientos negativos.

Con relación al tercer campo, primero enfocamos aspectos del APRENDIZAJE que nos parecen relevantes, luego encaramos el CAMBIO del comportamiento, y finalmente tratamos el FEEDBACK y el COACHING, que constituyen dos ingredientes efectivos para favorecer el cambio deseado. Incluimos nuestra metodología para elaborar un "Plan de desarrollo personal" (PDP).

Los tres campos corresponden a módulos basados en aportes de la psicología:

1. En factores del comportamiento:
    - El contenido de todos los módulos sobre la inteligencia, la personalidad y los estilos personales proviene de la psicología.
    - Lo mismo ocurre con la mayoría de los módulos sobre la motivación.
    - Los módulos sobre optimismo y pesimismo y sobre interacciones positivas y negativas se basan en la denominada psicología positiva.

2. En la identificación de problemas merecen destacarse los módulos siguientes, inherentes a la psicología cognitiva:
    - Las creencias irracionales según Ellis.

- La disonancia cognitiva.
- Las distorsiones cognitivas según Beck.
3. En materia de cambio cabe resaltar:
    - El concepto de Cambio 1 y Cambio 2 y la metodología del MRI, que son aportes de la escuela sistémica.
    - El modelo de Prochaska aplicable al cambio de hábitos.

Además, en el módulo sobre conocimientos aplicables al coaching, brindamos una reseña de los aportes de la psicología que consideramos necesario tomar en cuenta.

Los párrafos precedentes se refieren a la estructura lógica del libro, en línea con lo que se indica en el mapa de navegación para su lectura. Sin perjuicio de ello, los módulos están ordenados alfabéticamente, como es usual en esta colección, a fin de facilitar el acceso individual a cualquiera de ellos. En este orden, la secuencia de los módulos es la siguiente:

- Aprendizaje.
- Cambio.
- Coaching.
- Competencias.
- Estilo (personal).
- Factores (del comportamiento).
- Feedback.
- Inteligencia.
- Motivación.
- Personalidad.
- Problemas.

El título de todos los módulos comienza con una de estas once palabras, según corresponda. De esta manera, el orden alfabético configura una serie de secciones encabezada por dichas palabras. Salvo en las primeras dos secciones (aprendizaje y cambio), el primer módulo de cada sección constituye un módulo general que sirve de introducción al resto de los módulos de la sección. Por otra parte, el sistema de referencias cruzadas, que se explica en la sección general de "Relación entre los módulos", facilita la navegación entre ellos, de acuerdo con el interés del lector.

## Índice de módulos

página | módulo (M)

**APRENDIZAJE**
- 26 — 01. Aprendizaje - *Action learning*
- 28 — 02. Aprendizaje - Ciclo según Kolb
- 30 — 03. Aprendizaje - Desarrollo a través de experiencias
- 32 — 04. Aprendizaje - Enfoque situacional
- 34 — 05. Aprendizaje - Escalera de inferencias
- 36 — 06. Aprendizaje - Estilos según Kolb
- 39 — 07. Aprendizaje - Factores clave
- 40 — 08. Aprendizaje - Integración entre trabajo y actividad educativa
- 42 — 09. Aprendizaje - Modalidades
- 45 — 10. Aprendizaje - Teoría y práctica
- 46 — 11. Aprendizaje - Transferencia de la capacitación al trabajo
- 48 — 12. Aprendizaje - Simple y doble

**CAMBIO**
- 50 — 13. Cambio - Cambio 1 y Cambio 2
- 52 — 14. Cambio - Campo de fuerzas
- 54 — 15. Cambio - Consultoría de procesos
- 58 — 16. Cambio - Curva del proceso
- 60 — 17. Cambio - Gestión del tiempo
- 63 — 18. Cambio - Manejo de la transición
- 65 — 19. Cambio - Modelo de Prochaska
- 68 — 20. Cambio - Metodología del MRI
- 70 — 21. Cambio - Orientación a lo factible
- 71 — 22. Cambio - Plan de Desarrollo Personal (PDP)
- 76 — 23. Cambio - Resistencia

**COACHING**
- 78 — 24. Coaching
- 80 — 25. Coaching - Competencias del coach
- 81 — 26. Coaching - Conocimientos aplicables
- 84 — 27. Coaching individual - Motivos y metodología
- 87 — 28. Coaching - Mentoring

**COMPETENCIAS**
- 89 — 29. Competencias
- 91 — 30. Competencias - Capacidad de influencia
- 93 — 31. Competencias - Capacidad estratégica
- 97 — 32. Competencias - Gerenciar gerentes
- 99 — 33. Competencias - Liderazgo
- 102 — 34. Competencias - Modelo de cada organización
- 104 — 35. Competencias genéricas
- 109 — 36. Competencias gerenciales
- 115 — 37. Competencias y carrera profesional
- 117 — 38. Competencias y talento

| página | módulo (M) | |
|---|---|---|
| | | **ESTILO PERSONAL** |
| 120 | 39. | Estilo |
| 122 | 40. | Estilo - DISC |
| 123 | 41. | Estilo - FIRO B |
| 124 | 42. | Estilo - Herrmann y Benziger |
| 126 | 43. | Estilo - Myers-Briggs |
| 128 | 44. | Estilos sociales |
| | | **FACTORES DEL COMPORTAMIENTO** |
| 129 | 45. | Factores - Análisis general |
| 131 | 46. | Factores - Agilidad como predictor de potencial |
| 133 | 47. | Factores - Anclas de carrera según Schein |
| 135 | 48. | Factores - Características personales |
| 137 | 49. | Factores - Condiciones físicas |
| 139 | 50. | Factores - Conocimientos y habilidades específicas |
| 140 | 51. | Factores - Gestión del estrés |
| 143 | 52. | Factores - Interacciones positivas y negativas |
| 144 | 53. | Factores - Marco mental de la persona |
| 146 | 54. | Factores - Optimismo y pesimismo |
| 148 | 55. | Factores - Valores y creencias |
| | | **FEEDBACK** |
| 150 | 56. | Feedback |
| 152 | 57. | Feedback - Cómo darlo |
| 154 | 58. | Feedback - Cómo recibirlo |
| 155 | 59. | Feedback - Ventana de Johari |
| | | **INTELIGENCIA** |
| 156 | 60. | Inteligencia |
| 158 | 61. | Inteligencia emocional |
| 161 | 62. | Inteligencia emocional según Goleman |
| 164 | 63. | Inteligencia exitosa según Sternberg |
| 165 | 64. | Inteligencias múltiples según Gardner |
| | | **MOTIVACIÓN** |
| 167 | 65. | Motivación |
| 169 | 66. | Motivación - Campos de la vida |
| 172 | 67. | Motivación - Círculo de la confianza |
| 174 | 68. | Motivación - Condicionamiento operante |
| 176 | 69. | Motivación - Elementos básicos del clima |
| 178 | 70. | Motivación - Factores de la organización |
| 181 | 71. | Motivación - Pirámide de las necesidades de Maslow |
| 183 | 72. | Motivación - Teoría de Herzberg |
| 184 | 73. | Motivación - Teoría de las expectativas |
| 186 | 74. | Motivación - Teorías "X" e "Y" de McGregor |

**Competencias, cambio y coaching**

| página | módulo (M) | |
|---|---|---|
| | | PERSONALIDAD |
| 188 | 75. | Personalidad |
| 190 | 76. | Personalidad - 16 Factores (16 PF) |
| 192 | 77. | Personalidad - Autoconcepto y resultados |
| 195 | 78. | Personalidad - Cinco grandes factores |
| 198 | 79. | Personalidad - MIPS |
| 199 | 80. | Personalidad - Modelo de Oldham |
| 200 | 81. | Personalidad - Neurosis según Ketz de Vries |
| 202 | 82. | Personalidad - Rasgos |
| 205 | 83. | Personalidad - Trastornos |
| | | PROBLEMAS |
| 207 | 84. | Problemas |
| 209 | 85. | Problemas - Análisis según Fournies |
| 212 | 86. | Problemas - Barreras defensivas o "RICs" |
| 215 | 87. | Problemas - Comportamientos disfuncionales de los gerentes |
| 220 | 88. | Problemas - Creencias irracionales según Ellis |
| 223 | 89. | Problemas - Debilidades basadas en fortalezas |
| 226 | 90. | Problemas - Disonancia cognitiva |
| 227 | 91. | Problemas - Distorsiones cognitivas según Beck |
| 229 | 92. | Problemas - El poder de la estupidez |
| 231 | 93. | Problemas - Gente difícil |
| 235 | 94. | Problemas - Limitadores de carrera |
| 237 | 95. | Problemas - Más de lo mismo |

## Relación entre los módulos

### Ordenamiento de los módulos

Los módulos están ordenados alfabéticamente y numerados siguiendo este orden (Ref. Índice de módulos). Para navegar en los módulos, el lector tiene dos caminos principales:

- Ubicar en el índice el o los módulos que le interesan, incursionar directamente en ellos, y luego dirigirse discrecionalmente a cualquier otro módulo, tomando en cuenta las referencias que se indican en el acápite siguiente.

- Elaborar un plan de navegación previo a incursionar en un módulo determinado. Para facilitar este plan, en el acápite subsiguiente se introduce un *mapa de navegación*.

### Referencia de un módulo a otro

Entre ciertos módulos existe una relación de lo general a lo particular. Por ejemplo, el módulo abarcativo 45. FACTORES – ANÁLISIS GENERAL abre el camino a los módulos 29. COMPETENCIAS, 65. MOTIVACIÓN y 48. FACTORES – CARACTERÍSTICAS PERSONALES. En el módulo abarcativo, en el punto pertinente, se hace referencia al módulo específico correspondiente, colocando entre paréntesis el número del módulo específico. A su vez, en este, al inicio de su texto, se hace referencia al módulo abarcativo que lo antecede.

Además de las relaciones de lo general a lo particular, existen muchas otras conexiones. En estos casos, también en el punto pertinente de un módulo se hace referencia al otro módulo conectado.

### Mapa de navegación

A continuación se incluye un mapa de navegación que comprende tres bloques:

  I. EL PORQUÉ DEL COMPORTAMIENTO

  II. COMPORTAMIENTOS POSITIVOS Y NEGATIVOS

  III. CÓMO CAMBIAR EL COMPORTAMIENTO

Dentro de cada bloque, los módulos se agrupan en función de su temática. En cada bloque, la secuencia es de arriba hacia abajo y de izquierda a derecha. Sin embargo, cuando los módulos están separados por una raya inclinada (/) significa que es indistinto leer uno antes que otro.

Adicionalmente, el lector puede relacionar ciertos módulos de este libro con el módulo o los módulos pertinentes de los dos libros anteriores de esta colección. Por ejemplo, el proceso de resolución de problemas que se sintetiza en el módulo 84. PROBLEMAS con el módulo 66. RP/TD – METODOLOGÍA GENERAL DEL PROCESO incluido en el libro *La toma de decisiones. Principios, procesos y aplicaciones*; o el módulo 53. FACTORES – MARCO MENTAL DE LA PERSONA con varios módulos de COMUNICACIÓN del libro *Las conversaciones de trabajo*. Para facilitar dicha relación, en los apéndices II y III se transcriben respectivamente los índices de dichos libros.

Más aún, en el futuro, ciertos módulos de este libro podrán relacionarse con los módulos pertinentes de otras obras a publicarse de la colección "Management en módulos".

## Mapa de navegación

A continuación se incluye un mapa de navegación que comprende tres bloques.

### I. EL PORQUÉ DEL COMPORTAMIENTO

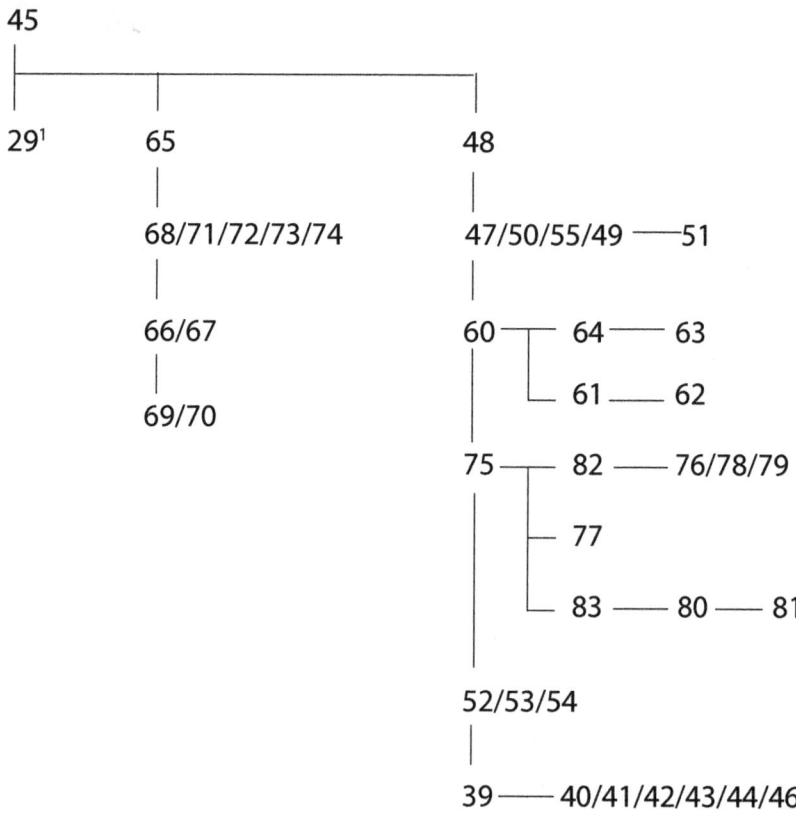

1. Se analiza en el bloque II.

Competencias, cambio y coaching

## II. COMPORTAMIENTOS POSITIVOS Y NEGATIVOS

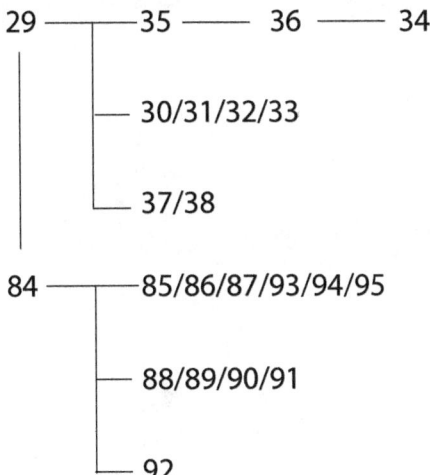

```
29 ─┬─ 35 ─── 36 ─── 34
    │
    ├─ 30/31/32/33
    │
    └─ 37/38

84 ─┬─ 85/86/87/93/94/95
    │
    ├─ 88/89/90/91
    │
    └─ 92
```

## III. CÓMO CAMBIAR EL COMPORTAMIENTO

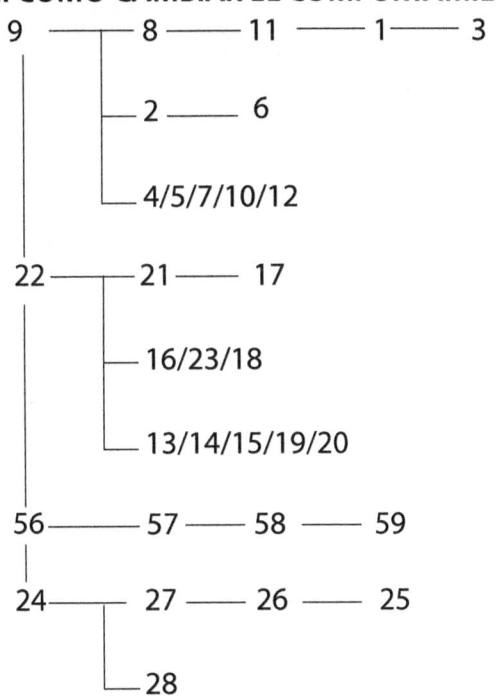

```
9 ──┬─ 8 ─── 11 ─── 1 ─── 3
    │
    ├─ 2 ─── 6
    │
    └─ 4/5/7/10/12

22 ─┬─ 21 ─── 17
    │
    ├─ 16/23/18
    │
    └─ 13/14/15/19/20

56 ─── 57 ─── 58 ─── 59

24 ─┬─ 27 ─── 26 ─── 25
    │
    └─ 28
```

23

Competencias, cambio y coaching

# MÓDULOS

# Aprendizaje
## Action learning

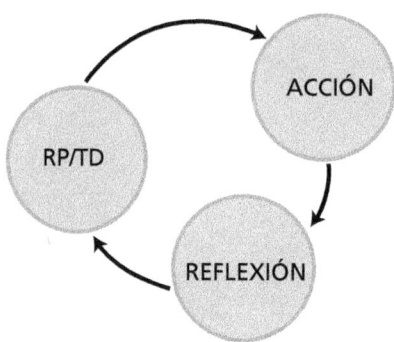

El *action learning* (aprendizaje basado en la acción) es una metodología de aprendizaje y desarrollo personal y organizacional desarrollada por Reg Revans, publicada en su obra *The ABC of Action Learning* (Internacional Foundation, 1983).

Es un tipo de actividad educativa que consiste en formar un grupo de personas con un objetivo específico: tratar un problema real y reflexionar sobre lo ocurrido. El propósito del grupo no es solamente resolver el problema, sino también capitalizar el proceso como una experiencia significativa de aprendizaje. Durante el proceso se reflexiona sobre las percepciones, las creencias y las actitudes, se cuestionan los supuestos implícitos de cada participante y se corrigen los sesgos que afectan las decisiones.

Pueden distinguirse dos momentos en esta metodología: en el primero se trata el problema real, se toman decisiones, se encaran acciones y se pone a prueba la acción concreta; y en el segundo se evalúan los resultados de dicha decisión, se reflexiona sobre lo sucedido y se extraen conclusiones que puedan ser aplicadas en situaciones similares.

La tesis central de esta metodología es que la reflexión acerca de la comparación entre lo propuesto y lo ocurrido constituye una fuente fundamental de aprendizaje; o sea, el grupo aprende de sus intentos por cambiar las cosas.

En el proceso es aplicable la metodología de resolución de problemas y toma de decisiones (RP/TD). Al respecto nos remitimos a los siguientes módulos del libro de la Colección "Management en Módulos" titulado *La toma de decisiones. Principios, procesos y aplicaciones*, de Santiago Lazzati (Ediciones Granica, 2014):

- RP/TD – CONCEPTOS FUNDAMENTALES
- RP/TD – METODOLOGÍA GENERAL DEL PROCESO

El objetivo de los equipos de *action learning* es resolver problemas reales, no hacer recomendaciones; por lo tanto, es importante que desde la organización se les otorgue el poder y las herramientas necesarias para lidiar con el problema.

La documentación de lo que ocurre en cada encuentro de los equipos es clave para esta metodología. Llevar un registro detallado de los problemas identificados, las acciones propuestas, sus fechas límite y las reflexiones obtenidas de la revisión de acciones acertadas y erróneas facilita el aprendizaje del equipo y el desarrollo personal de sus miembros.

# Aprendizaje
## Ciclo según Kolb

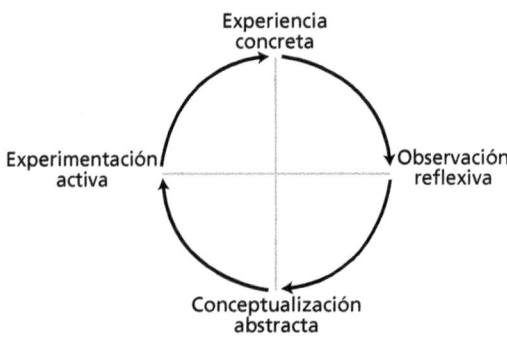

David Kolb desarrolló un modelo que concibe el aprendizaje como un ciclo de cuatro etapas que explica cómo se aprende; o sea, de qué manera se generan principios, conceptos y reglas que sirven de guía para futuros comportamientos. Este desarrollo sirve de base para el Modelo de Estilos de Aprendizaje desarrollado en el módulo APRENDIZAJE – ESTILOS SEGÚN KOLB.

M 06 - pág. 36

El ciclo parte del reconocimiento de dos ejes principales. El primero describe cómo adquirimos nueva información: a través de la "experiencia concreta" o la "conceptualización abstracta". Ante situaciones nuevas, la información puede percibirse por dos vías opuestas: una es a través de los sentidos, sumergiéndose en la realidad concreta y apoyándose más en la experiencia que en el análisis lógico de la situación; la otra es a través de representaciones simbólicas y recurriendo a la interpretación conceptual.

El segundo eje describe cómo nos manejamos con lo que percibimos: a través de la "observación reflexiva" o la "experimentación activa". Esta dimensión activo-reflexiva explica cómo se procesa la información proveniente de la percepción.

Sobre la base de los cuatro polos que surgen de las dos dimensiones, el modelo infiere el ciclo del aprendizaje, que consiste en una experiencia concreta inmediata que es la base para:

A. Realizar observaciones y reflexiones.

B. Esas observaciones y reflexiones se asimilan en una teoría o un concepto desde los cuales se deducen nuevas implicaciones para la acción.

C. Estas implicaciones pueden ser testeadas y sirven de guía para crear nuevas experiencias.

Por lo tanto, de acuerdo con el ciclo de Kolb, existen ciertos procesos necesarios para aprender, ya que aprendemos:

1. Haciendo.
2. Reflexionando sobre la experiencia obtenida de 1.   ••▶   M 03 - **pág. 30**
3. Creando ideas y posibilidades derivadas de la reflexión de la experiencia (desarrollando conceptos, modelos, teorías).
4. Aprendemos al decidir y elegir la idea o la posibilidad que guiarán el próximo curso de acción derivado de conceptuar.
5. Al rehacer aplicando las nuevas ideas o posibilidades.

Veamos ahora un ejemplo:

1. Comenzamos por hacer algo; por ejemplo, saludar con una sonrisa al encargado del edificio.
2. Reflexionamos sobre la experiencia obtenida de 1: si lo saludo con una sonrisa me responde el saludo de la misma manera y luego llama el ascensor para que yo suba.
3. Creamos ideas y posibilidades derivadas de la reflexión de la experiencia (desarrollando conceptos, modelos, teorías); siguiendo con el ejemplo: si yo sonrío e intento ser simpático, las personas están más predispuestas a colaborar conmigo.
4. Decidimos y elegimos la idea o la posibilidad que guiarán el próximo curso de acción derivado de conceptuar: esta semana lo saludaré con una sonrisa y, además, le preguntaré cómo se encuentra.
5. Aprendemos al rehacer aplicando las nuevas ideas o posibilidades. Por ejemplo, el encargado puede confirmar nuestra hipótesis, o bien, por el contrario, no sentirse cómodo con la pregunta y responder de mala manera, y esto invita a modificar lo planteado en 3.

# Aprendizaje
## Desarrollo a través de experiencias

**El principio 70-20-10**

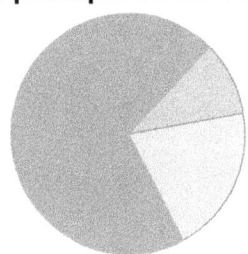

**70%** aprendizaje a través de experiencias

**10%** aprendizaje a través de la enseñanza formal

**20%** aprendizaje a través de otros

Acceder a nuevas experiencias es uno de los medios que han demostrado ser más efectivos para desarrollar competencias y cambiar comportamientos en las organizaciones.

Exponerse a situaciones diferentes y desafiantes que requieran nuevas habilidades y que conlleven cierto riesgo controlado hace que la persona tenga la posibilidad de desarrollarse en su trabajo.

Las asignaciones que más ayudan a desarrollarse son:

- Liderar un proceso de cambio.
- Gerenciar una crisis.
- Hacer movimientos funcionales laterales.
- Rotar hacia otra área funcional.
- Encargarse de alguna actividad de la misma área pero propia de un nivel jerárquico superior.
- Liderar un proyecto / una *task force*.
- Manejar demandas de personas muy significativas en la organización.
- Liderar *start-ups* o participar en ellos.
- Hacer nuevas exposiciones en niveles superiores (presentaciones a comités, por ejemplo.)

Pasar por situaciones para las cuales uno aún no está del todo preparado es una experiencia muchas veces incómoda, cuando no dolorosa. Sin embargo, es a partir de dichas experiencias que podemos aprender cosas nuevas.

Es natural que muchas personas eviten exponerse a situaciones en las cuales no se sienten seguras, en las que su probabilidad de fracaso es mayor que en otras que

M 03. Aprendizaje
Desarrollo a través de experiencias

ya dominan. Sin embargo, en materia de desarrollo no hay nada más cierto que la siguiente paradoja: "Para aprender debes afirmar tu ignorancia".

**El principio 70-20-10**

Los estudios de Korn Ferry International demuestran que hasta el 70% del aprendizaje real que una persona obtiene en una organización lo logra a través de nuevas asignaciones que le exijan desplegar nuevos comportamientos y habilidades. De todas maneras, en general los esfuerzos que las organizaciones ponen en organizar y planificar estas experiencias son escasos.

El verdadero aprendizaje no requiere que la persona necesariamente sepa qué habilidad está desarrollando. Muchas personas aprenden a través de la experiencia sin saber del todo qué es lo que están aprendiendo. La reflexión posterior es útil, la definición previa de objetivos de aprendizaje no es cien por ciento necesaria.

El 20% del aprendizaje ocurre a través de otros; proviene del intercambio con personas con las cuales uno trabaja en la organización: experiencias de feedback, procesos de coaching o mentoring y el ejemplo de otros son fuentes valiosas. El propio jefe ayuda mucho a desarrollar habilidades, con su ejemplo, tanto si es buen jefe como si no lo es. Aprender a través de otros es una habilidad clave y una posibilidad diaria.

••▶ M 56 - pág. 150
••▶ M 24 - pág. 78

Finalmente, el 10% del aprendizaje ocurre a partir de la enseñanza formal (clases presenciales, workshops o e-learning). La mayoría de los recursos que las organizaciones orientan al aprendizaje los asignan a actividades de capacitación formal. Sin embargo, se ha demostrado que si no existen experiencias posteriores que faciliten los cambios, la actividad de capacitación en sí misma no ayuda mucho al desarrollo de nuevos comportamientos y habilidades. En este sentido es bien aplicable lo que indicamos en el módulo APRENDIZAJE – TRANSFERENCIA DE LA CAPACITACIÓN AL TRABAJO.

••▶ M 09 - pág. 42
••▶ M 08 - pág. 40

••▶ M 11 - pág. 46

## M 04

# Aprendizaje
## Enfoque situacional

> La elección adecuada
> depende de la situación

Respecto de muchas cuestiones, especialmente en materia de management y comportamiento humano, corresponde distinguir tres niveles en cuanto al grado de generalización de cualquier respuesta a la cuestión planteada:

1. La generalización absoluta, constituida por una respuesta categórica a favor de una u otra posición, sin condicionamiento alguno. Por ejemplo, sostener que la organización matricial no funciona (a secas).
2. El enfoque situacional, en el que la respuesta depende del tipo de situación, pero de todos modos hay margen para generalizar, pues cabe identificar los factores situacionales para definir si conviene un camino u otro.
3. El rechazo de cualquier generalización, porque la respuesta adecuada depende de cada caso específico.

Las generalizaciones con el agregado de "en general" o "excepto..." constituyen un nivel intermedio entre 1 y 2. Aquí lo crucial es el alcance de las excepciones:

- Si es muy limitado, la respuesta se aproxima al Nivel 1.
- Si es muy amplio, la respuesta tiende a solaparse con el Nivel 2.

Al respecto podemos decir:

1. Gran parte de las generalizaciones absolutas constituyen reduccionismos falaces; o bien, si son válidas, muchas de ellas entrañan perogrulladas que carecen de valor agregado.
2. En general, el conocimiento complejo demanda una gran dosis de enfoque situacional. La mayoría de las descripciones, predicciones, valoraciones y prescripciones están condicionadas por factores que intervienen o pueden llegar a intervenir en la situación. Aquí es aplicable el aforismo de H. L. Mencken: "Para cada problema complejo hay una respuesta sencilla... y equivocada" (citado por Fernando Savater en el tercer capítulo de *La vida eterna*, Ariel, 2007). Y agre-

**Enfoque situacional**

gamos la máxima de Albert Einstein, que calibra lo dicho por Mencken: "Todo debe hacerse lo más simple posible, pero no más allá" (*Everything should be made as simple as posible, but not simpler*).

3. El rechazo de cualquier generalización entraña negar la posibilidad del conocimiento teórico. El verdadero aprendizaje implica que las personas deben integrar la teoría con la práctica, la conceptualización con la experiencia. Ello implica, por un lado, generalizar a partir de situaciones particulares y, por otro, aplicar dicha generalización a nuevas situaciones particulares. Es un permanente proceso de ida y vuelta, de lo particular a lo general y viceversa.

Por ejemplo:

1. Proponer que un gerente siempre debe tomar decisiones consensuadas implica ignorar que en determinadas circunstancias ello puede ser contraproducente o incluso imposible. En cambio, es cierto que un buen gerente debe orientarse a los resultados; pero esto constituye una verdad de perogrullo.

2. La conveniencia de delegar o no una tarea depende de muchos factores que juegan en la situación: competencia y motivación del liderado, urgencia de la tarea a realizar, riegos involucrados, etc. Sin embargo, cabe hacer generalizaciones válidas del tipo: si la situación reúne tales condiciones, en principio es preferible...; pero, en caso contrario, lo más aconsejable suele ser... E incluso profundizar, en términos conceptuales, el alcance de las aclaraciones como "en principio" o "suele".

3. Si se argumenta que no corresponde hacer generalización alguna acerca de la conveniencia de delegar, no queda otra alternativa que remitirse a cada caso en particular. Y, de acuerdo con la hipótesis, el conocimiento resultante no necesariamente es aplicable a casos posteriores.

El desarrollo del enfoque situacional es un factor importante del aprendizaje. Es bastante común la actitud de rechazar el conocimiento complejo, de preferir un concepto simplificador más de lo que corresponde. Esto es así por diversos motivos: evitar complicaciones, resaltar lo que interesa y nada más, etc. Superar tal actitud, lo cual requiere cierto esfuerzo, constituye un camino de aprendizaje enriquecedor.

## M 05

# Aprendizaje
## Escalera de inferencias

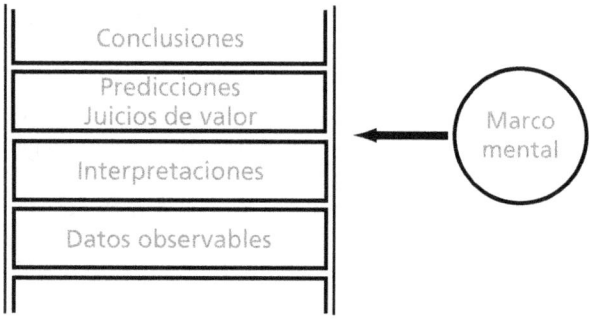

Siguiendo el *Diccionario de la Real Academia Española*, "inferencia" significa "*acción y efecto de inferir*", y la primera acepción de "inferir" indica "*sacar una conclusión o deducir algo de otra cosa*". La escalera de inferencias es un modelo que intenta descubrir cómo el ser humano suele llegar a conclusiones a partir de datos observables, pasando por una serie de inferencias, muchas veces de manera implícita, automática o inconsciente. El modelo sirve de marco para reconocer y cuestionar las sucesivas inferencias del proceso a fin de replantear sus conclusiones. Vale decir que configura un instrumento de aprendizaje. Tiene mucho que ver con el marco mental de la persona, tema tratado en el módulo respectivo.

M 53 - pág. 144

La escalera tiene cuatro escalones:

1. En el inferior, ubicamos los datos observables; su correlato en los actos del habla es la "afirmación".

2. En el segundo colocamos las interpretaciones, que se hacen tomando en cuenta los datos observables. Las interpretaciones tienen algo de "opinión", en mayor o menor grado, en términos de actos del habla.

3. En el tercero situamos las opiniones que significan predicciones o juicios de valor, que se hacen considerando los escalones anteriores.

4. Por último, en el cuarto ponemos las conclusiones que comprenden decisiones y acciones basadas en el proceso previo.

Tomemos un ejemplo correspondiente al gerente a cargo de un equipo de proyecto:

1. Observa que Roberto, un miembro del equipo, tiene discusiones fuertes y frecuentes con sus compañeros.

2. Interpreta que la actitud de Roberto responde a un rasgo de su personalidad, y, además, que las discusiones molestan a sus compañeros.

## Escalera de inferencias

3. Considera por un lado que la situación es muy contraproducente para la efectividad del grupo, y por otro lado que Roberto no va a cambiar.
4. Decide separar a Roberto del equipo.

En muchos casos, al ir subiendo la escalera, hacemos las inferencias:

- De una manera implícita, automática o inconsciente.
- Influenciados por nuestro marco mental.

La propuesta, orientada al aprendizaje, consiste en lo siguiente:

- Reconocer las inferencias y la influencia del marco mental.
- Indagar y cuestionar acerca de los datos, premisas, razonamientos, objetivos, etc.
- Reducir las abstracciones a cuestiones o ejemplos concretos. Recurrir a ejemplos.

A continuación trataremos de ilustrar lo antedicho siguiendo con el ejemplo utilizado, del gerente a cargo de su equipo (está redactado en forma de autocuestionamiento):

- Lo que es una discusión "fuerte" para mí, tal vez para los compañeros de Roberto sea una discusión "sincera". ¿Hay algo en mí por lo cual me desagrada ese tipo de discusiones?
- ¿Por qué supongo que el comportamiento de Roberto responde a un rasgo de su personalidad? ¿Puede haber otros factores personales, interpersonales o del contexto?
- ¿La situación es verdaderamente contraproducente? ¿Cuáles son los pros y los contras de las intervenciones de Roberto?
- ¿De dónde saco que Roberto no puede cambiar?
- Más allá del supuesto problema, ¿cuál es su contribución al proyecto?
- ¿Cuál es mi relación con Roberto? ¿Me agrada o me desagrada?
- Etcétera.

En los procesos de comunicación, la escalera de inferencias puede ser utilizada como un recurso valioso de aprendizaje mutuo. Aquí debe emplearse el diálogo para indagar sobre las inferencias del otro, así como también la reflexión explícita acerca de las inferencias propias.

Para profundizar en el tema recomendamos el libro *Metamanagement*, de Fredy Kofman (Ediciones Granica, 2001), Capítulo 12.

# Aprendizaje
## Estilos según Kolb

Estilos del aprendizaje

En el libro *Toward an Applied Theory of Experiential Learning* (John Wiley, 1975), David Kolb desarrolla el concepto de *estilo de aprendizaje* que se utiliza para describir las diferencias individuales en la forma de aprender. Cada persona tiene una forma única de percibir y procesar experiencias e información. El examen de los estilos de aprendizaje es cada vez más importante para los individuos, los padres, los educadores y las organizaciones en general, a fin de elegir la estrategia educativa adecuada que reconozca las diferencias individuales y favorezca el aprendizaje de cada persona.

El autor identifica cuatro estilos distintos de aprendizaje, que ubica respectivamente en los cuatro cuadrantes que surgen del cruce de los ejes tratados en el módulo APRENDIZAJE – CICLO SEGÚN KOLB, conforme se muestra en el gráfico. Estos estilos son: convergente, divergente, acomodador y asimilador.

### Convergente

Las habilidades dominantes del aprendizaje de este estilo son la *conceptualización abstracta* (CA) y la *experimentación activa* (EA). El individuo con un estilo de aprendizaje convergente funciona mejor en situaciones como los tests convencionales de inteligencia, donde hay una única respuesta correcta a una pregunta o una sola solución a un problema.

Su conocimiento se organiza de tal manera que mediante razonamientos hipotético-deductivos puede focalizarse en problemas específicos. La investigación sobre este estilo de aprendizaje muestra que los convergentes son relativamente indiferentes e impasibles y que prefieren tratar con cosas, más que con personas. Las fortalezas de quienes tienen este estilo son:

- Resolver problemas.
- Tomar decisiones.
- Razonar sobre la base de deducciones.

- Definir problemas.
- Ser lógicos.

### Divergente

El divergente tiene las habilidades de aprendizaje opuestas al convergente. Se destaca en la *experiencia concreta* (EC) y la *observación reflexiva* (OR).

Se llama a este estilo "divergente" porque quien lo posee se desempeña mejor en situaciones que requieren la generación de nuevas ideas, como, por ejemplo, una sesión de *brainstorming*. La investigación muestra que los divergentes se interesan por la gente y tienden a ser imaginativos y emocionales. Tienen amplios intereses culturales y son proclives a especializarse en artes. Las fortalezas de quienes tienen este estilo son:

- Ser imaginativos.
- Comprender a las personas.
- Reconocer los problemas.
- Generar ideas nuevas.
- Tener una "mente abierta".

### Asimilador

Las habilidades de aprendizaje que predominan en el estilo asimilador son la *conceptualización abstracta* (CA) y la *observación reflexiva* (OR). El individuo que posee este estilo de aprendizaje sobresale en el razonamiento inductivo y en la asimilación de observaciones dispares o desiguales en una explicación integrada.

Como el convergente, esta persona está menos interesada en la gente y se preocupa más por los conceptos abstractos; pero, a diferencia del convergente, está menos inclinada por el uso práctico de las teorías. Para ella es más importante que la teoría sea lógicamente sólida y precisa. Las fortalezas de los asimiladores son:

- Planificar.
- Crear modelos.
- Definir problemas.
- Desarrollar teorías.
- Ser pacientes.

### Acomodador

El acomodador tiene las fortalezas de aprendizaje opuestas a las del asimilador. Se destaca en la *experiencia concreta* (EC) y la *experimentación activa* (EA). Sus mayores

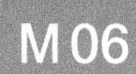

M 06. Aprendizaje
**Estilos según Kolb**

habilidades consisten en hacer cosas (llevar a cabo planes experimentales) y en involucrarse a sí mismo en experiencias nuevas. Está más dispuesto a tomar riesgos que las personas de los otros tres estilos.

Se llama a este estilo "acomodador" porque suele sobresalir en aquellas situaciones en las que hay que adaptarse a circunstancias específicas de manera inmediata. En situaciones donde una teoría o un plan no se adecuan a los hechos, el acomodador probablemente desacredite el plan o la teoría. Tiende a resolver los problemas por medio de ensayo-error, apoyándose fuertemente en otras personas para obtener información, en vez de confiar en su propia capacidad analítica. El acomodador se siente a gusto con la gente, pero, algunas veces, se lo considera impaciente y agresivo. Las fortalezas de quienes tienen este estilo son:

- Lograr que las cosas se realicen.
- Liderar.
- Asumir riesgos.
- Iniciar proyectos.
- Ser adaptables y prácticos.

Es importante conocer el estilo de aprendizaje de cada persona, ya que nos ayuda a comprender cómo:

- Resuelve problemas.
- Trabaja en equipo.
- Soluciona los conflictos.
- Elige las opciones profesionales.
- Aborda las relaciones personales y profesionales.

El autor del modelo ha diseñado un instrumento que comprende 12 preguntas destinadas a identificar el estilo de aprendizaje de las personas. El cómputo de las respuestas de un individuo a dichas preguntas permite identificar su estilo de aprendizaje según el modelo.

# Aprendizaje
## Factores clave

**M 07**

> 1. *Assesment* (diagnóstico)
> 2. *Challenge* (desafío)
> 3. *Support* (apoyo)

Este módulo está basado en el artículo "Our View of Leadership Development", publicado en *Handbook of Leadership Development* (The Center for Creative Leadership, Jossey Bass, 1998). Se señalan tres factores clave del aprendizaje del liderazgo, que bien pueden extenderse a otras competencias conductuales:

1. *Assesment* (diagnóstico).
2. *Challenge* (desafío).
3. *Support* (apoyo).

El diagnóstico es crucial para identificar debidamente los aspectos a mejorar. Aquí es muy importante la recepción de feedback y el empleo de instrumentos de diagnóstico. Hay instrumentos que a la vez constituyen un mecanismo de feedback, como el denominado "feedback 360°".

••▶ M 56 - **pág. 150**
••▶ M 39 - **pág. 120**
••▶ M 82 - **pág. 202**

El desafío implica el planteo de metas ambiciosas pero alcanzables. Esto tiene mucho que ver con el sistema de gestión del desempeño que resulta de la conjunción entre el sistema de planeamiento y control de las operaciones y el sistema de gestión de recursos humanos, especialmente el régimen de evaluación y recompensas. Un comentario adicional: la comparación entre metas fijadas y resultados logrados, y la investigación de las causas de los desvíos tienden a incrementar las posibilidades de aprendizaje.

El apoyo comprende, además de la capacitación formal, toda la ayuda que pueden brindar en el trabajo los otros miembros de la organización. En este sentido, es muy importante el liderazgo gerencial y el coaching.

••▶ M 24 - **pág. 78**

# Aprendizaje
## Integración entre trabajo y actividad educativa

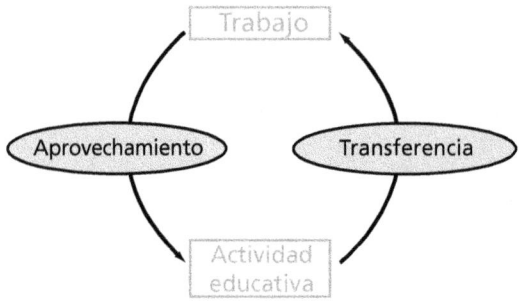

Cualquier persona puede adquirir conocimientos y habilidades aplicables a su trabajo en dos situaciones distintas: durante el trabajo mismo o por medio de una actividad educativa. En la modalidad de enseñanza presencial o a distancia, la actividad educativa en sí suele darse por terminada en un punto dado, pero el proceso de aprendizaje continúa en la etapa ulterior de seguimiento. En general, la actividad educativa (así enmarcada) se efectúa en el "aula", o en un lugar fuera del trabajo (por ejemplo, el *"outdoor training"*); la conduce alguien distinto del jefe en el trabajo (instructor, facilitador, etc.); y el objetivo central es el aprendizaje, no la prestación de un servicio o la elaboración de un producto. En el caso del autoestudio o aprendizaje en el trabajo, la distinción entre ejecución de la actividad educativa y seguimiento puede ser confusa, irrelevante o no aplicable. En los párrafos que siguen nos referiremos especialmente a la actividad educativa separada del trabajo: enseñanza presencial, enseñanza a distancia y ciertas formas de autoaprendizaje.

La actividad educativa, a su vez, puede incluir una parte teórica y otra práctica. La primera abarca el desarrollo de conceptos, modelos, metodologías, herramientas, etc. La segunda comprende la realización de ejercicios de aplicación, la discusión de casos reales, etc. Pero incluso la parte práctica de la actividad educativa es distinta del trabajo, en el sentido con que usamos aquí esta palabra. Por ejemplo, no es lo mismo equivocarse en la solución de un ejercicio práctico en el aula, que equivocarse en el trabajo mismo.

Dados el "trabajo" y la "actividad educativa", así definidos convencionalmente, las claves del verdadero aprendizaje son:

- Utilizar provechosamente la experiencia del trabajo como una fuente fundamental del desarrollo de conocimientos y habilidades, además del *input* exógeno que pueden brindar el instructor y los materiales educativos. A esto lo denominamos "aprovechamiento del trabajo".

- Aplicar en el trabajo el producto de la actividad educativa. Esto se ha dado en llamar "transferencia de la capacitación al trabajo".

## M 08. Aprendizaje
Integración entre trabajo y actividad educativa

La idea central es maximizar tanto el aprovechamiento del trabajo como la transferencia al trabajo. En síntesis: integrar lo más posible el trabajo con la actividad educativa.

A lo antedicho hay que agregar que ciertas modalidades fusionan *per se* el trabajo con la actividad educativa:

- El coaching.      M 24 - **pág. 78**
- El aprendizaje en el trabajo (aprendizaje en equipo, *action learning*, etc.).      M 01 - **pág. 26**

A continuación trataremos el aprovechamiento del trabajo. En cuanto a la transferencia al trabajo, nos remitimos al módulo correspondiente.      M 11 - **pág. 46**

### Aprovechamiento del trabajo

Toda actividad educativa tiene sus contenidos temáticos. Ahora bien, hay contenidos que es preciso incorporar a través del instructor o de los materiales educativos. Sin embargo, hay otros que los participantes están en condiciones de desarrollar reflexionando acerca de su propia experiencia. Por ejemplo, si el contenido es el modelo de liderazgo situacional de Blanchard, es poco probable que los participantes lo descubran por más experiencias que tengan o reflexión que hagan. Pero los participantes bien pueden inferir las ventajas y desventajas de la delegación, sin que el instructor o el material se lo anticipen, sobre todo por medio de una actividad grupal. Y si, en todo caso, los participantes no llegan al producto buscado, siempre puede incluirse una actividad complementaria de aprendizaje para cubrir el déficit. Cuando el método de reflexión basado en la experiencia es viable, suele brindar un aprendizaje más profundo que el *input* exógeno (instructor o materiales).

Otra manera de aprovechamiento del trabajo es el empleo en la actividad educativa de casos reales, surgidos de la propia experiencia, que no necesariamente requieren elaboración escrita. Puede bastar con que el presentador plantee un problema en pocas palabras, y a partir de allí los participantes van construyendo los datos sobre la base de sus preguntas y de las respuestas del presentador. Esto, de paso, pone en juego la habilidad para hacer preguntas inteligentes, que puede ser tan importante como la capacidad de encontrar soluciones.

En su obra *Directivos, no MBAs* (Deusto, 2005), Henry Mintzberg señala las limitaciones del clásico "método del caso" (no vivido por el participante) y enfatiza el valor de aprovechar la experiencia de los participantes en los programas de desarrollo de directivos, así como también de recurrir a casos reales.

# M 09

## Aprendizaje
**Modalidades**

| |
|---|
| Enseñanza presencial |
| Enseñanza a distancia (incluye *e-learning*) |
| Autoaprendizaje |
| Coaching y similares |
| Aprendizaje en el trabajo |

La problemática del diseño del aprendizaje comprende las cuestiones siguientes: 1) objetivos y audiencia (a quién / para qué), 2) contenidos y su dedicación (qué / cuánto), 3) estrategias (cómo / cuándo / dónde), 4) recursos y costos (con quién / con qué) y 5) evaluación. A su vez, dentro de las estrategias cabe distinguir: las modalidades, los métodos de cada modalidad y la secuencia (en qué orden se realizan las actividades). En este módulo nos concentraremos en las modalidades, que dependen principalmente de:

- En qué lugar se lleva a cabo el proceso de aprendizaje.
- Cómo es la comunicación entre el educador y el educando.
- Qué flexibilidad tiene el educando para realizar sus tareas.
- Cómo es el proceso de gestión del aprendizaje.
- Quiénes son los principales actores en dicho proceso y cuáles son sus respectivos roles.

En función de estos factores pueden diferenciarse las siguientes modalidades:

- La enseñanza presencial.
- La enseñanza a distancia.
- El autoaprendizaje.
- El coaching y similares. *(M 24 - pág. 78)*
- El aprendizaje en el trabajo. *(M 02 - pág. 28)*

En general, el enunciado de dichas modalidades representa prototipos. En la práctica muchas actividades educativas constituyen combinaciones de esos prototipos. Por ejemplo, cabe una enseñanza parte a distancia y parte presencial, donde tienen lugar ambas modalidades, en mayor o menor grado.

## M 09. Aprendizaje
### Modalidades

En la enseñanza presencial el educador y el educando se encuentran personalmente en un lugar determinado. Por lo tanto, generan una comunicación cara a cara. Y, como el encuentro está concertado de antemano, el educando está sujeto a los horarios pertinentes. El lugar puede ser un aula o algo equivalente, o bien al aire libre o en un espacio abierto (*outdoor*).

En la enseñanza a distancia no ocurre tal encuentro. La comunicación se concreta a través de un medio como, por ejemplo, un texto impreso o la computadora. El educando no está sujeto a los horarios de la enseñanza presencial para la realización de las tareas, vale decir que tiene mayor flexibilidad. Sin embargo, el educador mantiene control sobre el proceso de aprendizaje, por medio del diseño, de las instrucciones, del material, de las pruebas y su revisión, etc. Además, la enseñanza a distancia incluye la figura del tutor o una equivalente, con el objeto de que ayude al educando por propia iniciativa o en respuesta a sus consultas.

El autoaprendizaje se diferencia de la enseñanza presencial en que no existe un educador que mantenga control sobre el proceso de aprendizaje. Puede que el educando consulte a alguien acerca de ciertos aspectos inherentes a la gestión del aprendizaje (diagnóstico, diseño, ejecución, etc.), pero la conducción del proceso está fundamentalmente en sus propias manos. Por ejemplo, puede estudiar un libro que le recomendó el consultor, e incluso luego ambos pueden tener un intercambio voluntario basado en dicho estudio.

Para cualquiera de las tres modalidades indicadas en los párrafos precedentes son importantes los dos objetivos siguientes, que tratamos en los módulos respectivos:

- La integración entre el trabajo y la actividad educativa.   ••▶  M 08 - pág. 40
- La transferencia de la capacitación al trabajo.   ••▶  M 11 - pág. 46

A su vez, el coaching, que comentamos en el párrafo siguiente, suele ser muy útil para reforzar el logro de dichos objetivos.

El coaching lo tratamos en el módulo respectivo, pero aquí es oportuno compararlo con las modalidades de enseñanza presencial y a distancia, en cuanto al proceso de gestión del aprendizaje, que comprende esencialmente tres etapas: la actividad educativa en sí, una etapa anterior de diagnóstico de necesidades y diseño, y una etapa posterior de seguimiento. Tanto en la enseñanza presencial como a distancia, estas tres etapas suelen constituir sendos bloques separados. Y, además, es habitual que intervengan diversos actores en cada uno de ellos. Por ejemplo, en la enseñanza presencial es posible que distintos especialistas realicen el diagnóstico, el diseño, la conducción de la actividad y el seguimiento, respectivamente. Esta separación en bloques hace que la enseñanza presencial y a distancia presenten una problemática generalmente difícil en materia de transferencia al trabajo y de evaluación del aprendizaje.

Por lo común, las tareas del educando correspondientes a las modalidades indicadas, excepto alguna actividad de coaching, se realizan en un lugar distinto del

M 09. Aprendizaje
**Modalidades**

propio lugar de trabajo del educando (la oficina, la planta, etc.). Pero existen otras actividades educativas que podemos agrupar bajo el concepto de aprendizaje en el trabajo. Estas actividades incluyen:

Las que realiza una persona en el trabajo como consecuencia del plan de acción de coaching.

- El coaching del jefe.
- El aprendizaje en equipo, que ocurre cuando un grupo, al mismo tiempo que resuelve problemas actuales, mejora su capacidad para resolver problemas futuros. (En su famoso libro *La quinta disciplina* [Ediciones Granica, 1992], Peter Senge identifica el aprendizaje en equipo como una de las cinco disciplinas.)
- El *action learning*, que se basa en el análisis de problemas reales, el desarrollo de cursos de acción correspondientes y la ulterior reflexión acerca de la experiencia producida por la acción. Una parte de esta actividad puede encararse también como enseñanza presencial.
- El *embedden training*, que se da cuando el software de un sistema incluye funciones de capacitación a disposición del usuario.

M 01 - pág. 26

Los módulos APRENDIZAJE – DESARROLLO A TRAVÉS DE EXPERIENCIAS y APRENDIZAJE – FACTORES CLAVE son especialmente aplicables al aprendizaje en el trabajo.

M 03 - pág. 30
M 07 - pág. 39

Como corolario, queremos resaltar que no es adecuado generalizar a favor de una u otra modalidad. Cada una tiene sus ventajas y desventajas, peligros o limitaciones que dependen de las características de la audiencia, de los objetivos, de los contenidos temáticos, de los recursos disponibles, etc. Aún más, en general es preferible que los programas educativos combinen diversas modalidades en función de dichos factores. En otras palabras, lo mejor suele ser la mezcla de modalidades, y con relación a esto queremos poner de relieve dos conceptos primordiales:

- En general, para cualquier actividad de capacitación caben distintas combinaciones de enseñanza presencial y a distancia, pudiendo elegirse la combinación más eficiente en función de las condiciones del caso. Téngase en cuenta que el solo hecho de sustituir actividades presenciales por tareas individuales previas (como la lectura o el estudio de un caso) ya constituye un avance hacia dicha combinación.
- El coaching representa un complemento valioso, tanto en su modalidad individual como en la grupal.

# Aprendizaje
## Teoría y práctica

M 10

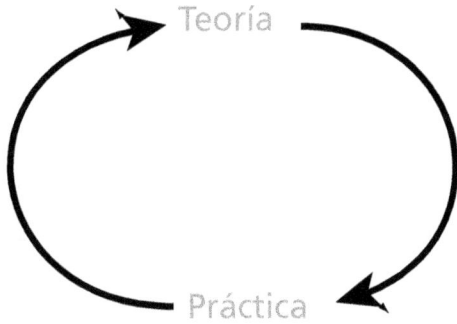

Vivimos tomando decisiones de la mañana a la noche, desde las más importantes a las más intrascendentes, desde las más complejas a las más simples, desde las más reflexivas a las más automáticas; generalmente, en condiciones de ambigüedad e incertidumbre. En todas es inevitable elegir un curso de acción, dentro de una gama de alternativas. Para ello recurrimos a teorías de todo tipo. En este orden, cualquier teoría aplicada es una generalización acerca de lo que es preferible hacer, que puede provenir de múltiples fuentes: conocimiento científico, concepto convencional, opinión de terceros, experiencia personal, etc. Incluso personas que hacen hincapié en su sentido práctico, incluyendo algunas que desprecian lo teórico, emplean teorías, aunque no lo reconozcan.

Es común escuchar la expresión "esto es bueno en teoría, pero no funciona en la práctica", o algo por el estilo. Tal afirmación puede significar dos cosas distintas: que la teoría no es válida (por ejemplo, porque omite considerar un factor relevante), o bien que no la queremos aplicar, por un motivo o por otro (por ejemplo, por una cuestión de valores). La clave es la integración entre la teoría y la práctica: por un lado, cuando enunciamos una teoría, corresponde someter su validez a la prueba de su aplicación; y, por otro lado, cuando disponemos de la práctica, es enriquecedor reflexionar para confirmar, modificar o crear teoría. No hay cosa más práctica que una buena teoría; y no hay teoría más valiosa que la originada en la reflexión acerca de la experiencia personal.

Un problema que enfrenta la integración entre la teoría y la práctica se produce al partir de generalizaciones simplistas absolutas, cuando lo que corresponde es adoptar un enfoque situacional. Este tema lo tratamos en el módulo APRENDIZAJE - ENFOQUE SITUACIONAL.   ••▶   M 04 - pág. 32

# Aprendizaje
## Transferencia de la capacitación al trabajo

**M 11**

Módulo antecedente
**08**

Dentro de la capacitación distinguimos:

- La orientada a competencias funcionales o técnicas.
- La orientada tanto a competencias gerenciales como genéricas. Estas dos categorías se pueden agrupar bajo el concepto de "conductuales".

Si bien el contenido de este módulo puede ser aplicable a la capacitación funcional o técnica, es especialmente apropiado para la capacitación conductual, en donde el cambio en el comportamiento (condición del aprendizaje propiamente dicho) es más problemático, debido a que en muchos casos es necesario modificar maneras de ser y hábitos arraigados. En este orden es importante tener en cuenta los módulos CAMBIO – MODELO DE PROCHASKA y CAMBIO – ORIENTACIÓN A LO FACTIBLE.

M 19 - pág. 65
M 21 - pág. 70

Todo contenido temático entraña en mayor o menor grado una guía de lo que se pretende aplicar en el trabajo. De lo contrario, no tendría sentido incluirlo en la actividad educativa. Claro está que el contenido puede tener o no valor, total o parcialmente. En este orden, la actividad educativa debería dar lugar a la crítica pertinente. En consecuencia, los participantes estarían equipados para quedarse con lo que sea valioso. A partir de allí se impone hacer un diagnóstico: plantearse en qué medida la situación real de la organización, grupo o individuo, responde al objetivo, y analizar la causa de los problemas. Completado el diagnóstico, corresponde encarar un plan de acción, o sea: estrategias concretas para alcanzar el objetivo o acercarse a él. Luego, el trabajo brindará experiencia susceptible de reflexión. De esta manera, la guía puede ser ampliada, modificada o incluso descartada para reforzar el proceso de aprendizaje. Posteriormente, conviene ejercer acciones de seguimiento, con dos propósitos: monitorear el cumplimiento del plan de acción y reflexionar sobre la experiencia recogida. Tales acciones, a su vez, constituyen un antecedente de futuras actividades educativas, y el ciclo *experiencia – reflexión – desarrollo de conocimientos y habilidades* se repite.

Además del diagnóstico complementario a la actividad educativa, en función de la guía surgida del contenido temático, hay diagnósticos que es aconsejable realizar

M 11. Aprendizaje
**Transferencia de la capacitación al trabajo**

antes de conocer el contenido temático, generalmente utilizando un instrumento pertinente. Por ejemplo, los diagnósticos sobre estilos personales en los que el participante contesta en forma espontánea un cuestionario, sin especular con el "debería ser". Claro está que el instrumento responde al modelo, pero ello no es evidente para el participante al momento de responder las preguntas.

El diagnóstico puede hacerse durante la propia actividad educativa o después de ella. En general, es ventajoso nutrirlo con los siguientes recursos:

- La aplicación de instrumentos de diagnóstico, cuyos resultados favorecen el autoconocimiento del participante. ••▶ M 39 - pág. 120

- La implementación de mecanismos de feedback, basados en dichos instrumentos, en el intercambio entre los participantes, en el coaching al que se alude más adelante, y en otros medios. ••▶ M 56 - pág. 150

- La realización de tareas grupales de reflexión en torno a los objetivos del aprendizaje, los contenidos temáticos, los instrumentos de diagnóstico y el feedback.

Cabe desglosar el plan de acción en:

- Plan de acciones personales, en términos de medidas concretas a cargo del propio participante.

- Recomendaciones, a la organización en conjunto o al sector al que pertenece el participante, de medidas concretas que contribuyan al logro de los objetivos del aprendizaje.

La acción y su seguimiento constituyen un proceso recurrente que debe ser apoyado por la organización a través de:

- Reuniones periódicas de seguimiento y reflexión.

- Refuerzo complementario para ciertos participantes, como el coaching adicional. ••▶ M 24 - pág. 78

El módulo CAMBIO – PLAN DE DESARROLLO PERSONAL propone una metodología ••▶ M 22 - pág. 71
específica para desarrollar el proceso indicado, no solo como complemento de una actividad de capacitación, sino también a partir de cualquier otro disparador.

# Aprendizaje
## Simple y doble

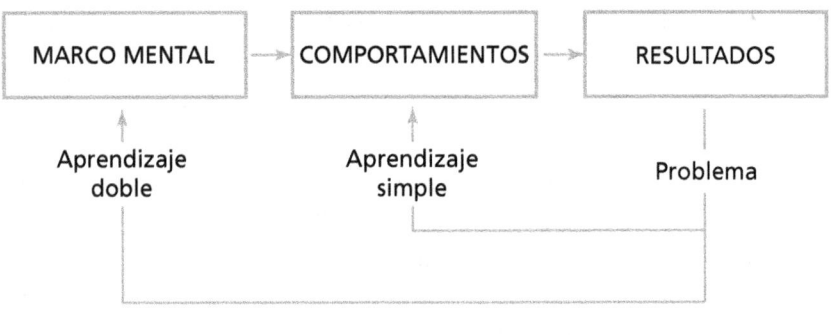

Chris Argyris (*Conocimiento para la acción*, Ediciones Granica, 1999) caracteriza dos formas de aprendizaje: el simple y el doble. Para ello, parte del esquema siguiente:

- Los valores dominantes (programa maestro) determinan las estrategias de acción, y estas, a su vez, tienen sus consecuencias.

- El aprendizaje consiste en el cambio que se realiza en función de las consecuencias.

Ocurre el aprendizaje simple cuando el sujeto modifica las acciones pero no altera el programa maestro. Por ejemplo, una persona tiene la creencia de que los miembros de cierto grupo étnico no son confiables, y por lo tanto adopta con un integrante de este grupo ciertos comportamientos agresivos, lo cual provoca en el agredido una reacción contraproducente. A raíz de esta reacción, el agresor suspende su agresividad, pero mantiene dicha creencia.

Se da el aprendizaje doble cuando el sujeto modifica sus acciones sobre la base de un cambio en el programa maestro. Siguiendo con el ejemplo, la persona aprende que los miembros del grupo étnico en cuestión pueden ser tan confiables como los de cualquier otro, y en consecuencia modifica su comportamiento.

En el plano individual, nosotros preferimos identificar al primer elemento de la secuencia como el "marco mental", que está condicionado por las características personales, las cuales incluyen los valores de la persona, entre otros elementos. En cuanto a las acciones, podemos emplear como sinónimo la palabra "comportamientos". Las consecuencias son lo que llamamos los "resultados". Para este tercer elemento se aplica el concepto de "problema", en el sentido de brecha entre el resultado y el objetivo.

Fredy Kofman (*Metamanagement*, Ediciones Granica, 2001) inserta un elemento adicional, las interpretaciones, que ubica entre los modelos mentales y las acciones. Las interpretaciones responden a las preguntas ¿qué está pasando?, ¿qué quiero?

## M 12. Aprendizaje
### Simple y doble

y ¿qué puedo hacer? Sobre esta base distingue tres tipos de aprendizaje: de lazo simple, de lazo doble y de lazo triple, que modifican las acciones, las interpretaciones y los modelos mentales, respectivamente. Nosotros nos inclinamos por la tipología de Argyris, porque enfocamos las interpretaciones como parte del comportamiento.

En determinados casos, el aprendizaje simple puede ser suficiente para resolver los problemas. Sin embargo, en muchas otras oportunidades es insuficiente; es necesario el aprendizaje doble para resolver adecuadamente los problemas. Además, en general, el desarrollo personal requiere del aprendizaje doble.

# Cambio
## Cambio 1 y Cambio 2

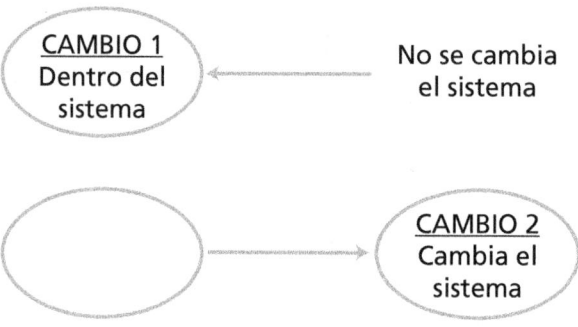

A lo largo de la historia se han formulado muchas teorías sobre la persistencia de los problemas, por un lado, y por otro lado sobre el cambio, pero no existen muchas teorías que traten conjuntamente ambos fenómenos. A pesar de su naturaleza aparentemente opuesta, Paul Watzlawick, John H. Weakland y Richard Fisch desarrollaron en el libro *Cambio* (Herder, 1974) una teoría que destaca la interdependencia entre la persistencia y el cambio.

Ante ciertos problemas que persisten y que se repiten, a pesar del deseo y de los esfuerzos realizados para alterar la situación, dichos autores se preguntaron lo siguiente:

- ¿Cómo es que persiste esta situación indeseable?
- ¿Qué se puede hacer para cambiarla?

Para dar una respuesta a estos interrogantes proponen dos tipos diferentes de cambio:

- El cambio 1, que tiene lugar dentro de un sistema determinado, que en sí permanece inmodificado. Los parámetros individuales varían de manera continua pero la estructura del sistema no se altera.
- El cambio 2, que implica un cambio en el sistema mismo. El sistema cambia cualitativamente y de una manera discontinua. Se producen cambios en el conjunto de reglas que rigen su estructura u orden interno.

Los autores utilizan como ejemplo para explicar ambos tipos de cambio a una persona que tiene una pesadilla. Se puede hacer muchas cosas dentro del sueño, tales como huir, esconderse, llorar, gritar, etc., y ninguna de estas acciones logrará dar fin a la pesadilla. Estas acciones serían, desde la perspectiva de este modelo, un cambio de tipo 1. Para dar fin a la pesadilla la persona deberá despertarse. Y, al hacerlo, realizará un cambio a un estado completamente distinto. Esta clase de cambio sería un cambio de tipo 2. Es un cambio del cambio.

# Cambio 1 y Cambio 2

Otro clásico ejemplo de esto puede verse en el juego que figura a continuación. Los nueve puntos representados en la figura deben ser conectados entre sí mediante cuatro líneas rectas sin levantar el lápiz del papel. Los que se enfrentan por primera vez al problema suelen adoptar un supuesto que hace imposible resolverlo: piensan que los nueve puntos forman un cuadrado y que la solución debe encontrarse dentro del mismo. Tomando en cuenta este supuesto, cualquiera sea la solución que se intente, siempre queda por lo menos un punto sin conectar. Como se ve en la figura, la solución aparece cuando se logra superar dicho supuesto.

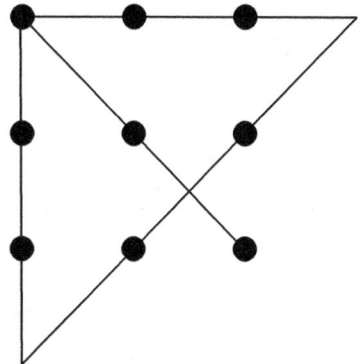

Los autores sostienen que en la vida se producen múltiples situaciones similares a esta. Por eso es importante tener en cuenta que para resolverlas tenemos que ser capaces de generar condiciones que propicien cambios de tipo 2 y trascender los supuestos que nos limitan.

Consideremos un ejemplo organizacional. Supongamos que un jefe viene lidiando con las llegadas tarde de un colaborador desde hace tiempo. Intentó todo tipo de medidas para lograr que el colaborador cumpla el horario: se enojó con él, le pidió al gerente que le hable, le aplicó sanciones reiteradas, le descontó parte del premio al presentismo, etc. Todas estas acciones no provocaron el efecto buscado; se trata de un intento de cambio 1, que mantiene el sistema, pero no es efectivo. Supongamos ahora que el jefe decide, por algún motivo, que para el puesto de este colaborador no es importante su presencia en la organización, sino el cumplimiento de los objetivos, y determina que puede trabajar desde su casa. Entonces se trata de un cambio 2.

El aprendizaje se relaciona directamente con el cambio 2. Aquellos sistemas que tienen la habilidad de modificarse en forma cualitativa son mucho más capaces de adaptarse a las variaciones de su contexto que los sistemas que solo permiten cambios de tipo 1.

# M 14

## Cambio
### Campo de fuerzas

| FUERZAS ||
|---|---|
| Que favorecen | Que entorpecen |
| ————————▶ | ◀———————— |
| ————————▶ | ◀———————— |
| ————————▶ | ◀———————— |

M 84 - pág. 207 ◀••

El "análisis del campo de fuerzas" es un método desarrollado por Kurt Lewin aplicable a un proceso de resolución de problemas/toma de decisiones (RP/TD), especialmente con respecto a la implementación del cambio de una situación a otra. El método consiste en lo siguiente:

- Identificar por un lado las fuerzas que favorecen el cambio (o impulsoras o positivas), y por otro lado las que lo entorpecen (o represoras o negativas).
- Ponderar la influencia relativa de dichas fuerzas.
- Desarrollar los cursos de acción específicos que dirijan el cambio en el sentido deseado.

La identificación se suele registrar en una hoja con una raya al medio, colocando a la izquierda las fuerzas que favorecen el cambio y a la derecha las que lo entorpecen. Para resaltar el sentido de las fuerzas, a cada una de las que favorecen se les agrega una flecha hacia la derecha, y a las que entorpecen una orientada hacia la izquierda.

Cabe expresar la ponderación de la influencia relativa asignando puntaje a cada fuerza.

Los cursos de acción pueden ser:

- Reducir o eliminar las fuerzas que entorpecen.
- Potenciar las fuerzas que favorecen.
- Generar nuevas fuerzas que favorezcan.
- Una combinación de lo anterior.

La experiencia ha demostrado que si aumentan las fuerzas que favorecen, existe la probabilidad de que ello produzca una reacción contraria –o sea, un incremento en las fuerzas que entorpecen–. Por ello suele ser una buena estrategia reducir o eliminar las fuerzas que entorpecen.

**Campo de fuerzas**

El análisis de las fuerzas del campo es aplicable también en otras etapas del proceso de RP/TD:

- En la etapa del examen de la problemática con relación al objetivo correspondiente.
- Para profundizar la evaluación de cursos de acción propuestos, analizando por separado cada curso de acción en términos de fuerzas que pueden favorecer y fuerzas que pueden entorpecer su eventual aplicación.

# Cambio
## Consultoría de procesos

| PROCESO DE RP/TD |
|---|
| ෴ Guía acerca del proceso |
| ෴ Preguntas inteligentes |
| ෴ Marco de referencia |

M 84 - pág. 207

Dado un proceso de resolución de problemas y toma de decisiones (RP/TD), la consultoría de procesos es una técnica mediante la cual un consultor coopera, dentro de ciertos límites, con la persona o personas responsables de encarar el problema y tomar las decisiones pertinentes. Se trata de un tema que está muy bien tratado en la obra de Edgard Schein titulada *Consultoría de procesos,* volúmenes I y II (Addison – Wesley, 1990 y 1998), especialmente en el volumen II.

En la RP/TD se desarrollan simultáneamente dos fenómenos: el contenido y el proceso. Ambos están profundamente entrelazados, pero es válido y conveniente distinguirlos analíticamente con el propósito de enfocar mejor la problemática. El contenido es el "qué", es la "carne". Se compone de las cuestiones que se plantean, de la información que se incorpora, de las ideas y opiniones que se generan y de las conclusiones a las que se logra llegar. El proceso es el "cómo", es la forma en que fluye el contenido; incluye la aplicación de la metodología correspondiente y el armado del contenido con miras a los objetivos pertinentes; en un proceso grupal comprende también el cumplimiento de cierta disciplina básica (puntualidad, respeto del uso de la palabra, etc.), la productividad de las intervenciones y el clima de las relaciones interpersonales.

Como su nombre lo indica, el consultor de procesos se concentra principalmente en guiar al o los o responsables a recorrer el proceso, habitualmente aplicando cierta metodología. En cuanto al contenido, al consultor de procesos le cabe hacer preguntas inteligentes que favorezcan los aportes del responsable, que induzcan a su reflexión. También puede traer a colación conocimientos y experiencias interesantes a título de marco de referencia. Pero, en principio, debe abstenerse de hacer aportes al contenido en cuanto al diagnóstico y la solución del problema que se está tratando. Como pauta general, estos aportes le corresponden al responsable o "dueño" del problema. La consultoría de procesos tiene mucho de la mayéutica socrática.

Schein distingue la "consultoría de procesos" del "asesoramiento". Dentro de este, a su vez, diferencia dos modelos: el del "médico", que incluye la realización del diag-

**M 15. Cambio**
**Consultoría de procesos**

nóstico, y el del "experto", que en general se limita a contribuir a la solución sobre la base del diagnóstico hecho por el otro. Pero ambos modelos de asesoramiento tienen como objetivo central brindar aportes al contenido, no así la consultoría de procesos.

La consultoría de procesos es particularmente beneficiosa en los procesos de cambio personal. No solo ayuda al responsable (quien se plantea cambiar), sino que también suele resultar en un aprendizaje valioso para el consultor, que puede ser muy útil a los fines de su propio cambio. La consultoría de procesos es una técnica aplicable al coaching. Además, es un recurso importante para los gerentes: en muchas ocasiones es preferible que el gerente adopte el rol de consultor de procesos, en lugar de hacer aportes al contenido con respecto a los problemas de los colaboradores. Es de lamentar que muchos gerentes no utilizan debidamente este recurso, perdiendo así una oportunidad para el desarrollo de la gente.

M 24 - **pág. 78**

En el Anexo figura un listado de preguntas o herramientas a emplear en el proceso de RP/TD como parte de la consultoría de procesos.

# M 15

M 15. Cambio
Consultoría de procesos

## ANEXO

## CAMBIO – CONSULTORÍA DE PROCESOS

## PREGUNTAS O HERRAMIENTAS A EMPLEAR EN EL PROCESO DE RP/TD

| ETAPA / PASO | PREGUNTA / HERRAMIENTA |
|---|---|
| Examen de la problemática | |
| Planteo preliminar / Enfoque | ¿Cuál es el objetivo que caracteriza la brecha? <br> ¿Cuál es el tipo de situación que caracteriza la brecha? <br> Aplicar preguntas de cadena de medios-fines. <br> ¿Para qué? ¿Cómo? <br> Generar alternativas <br> ¿Es el problema prioritario? <br> ¿Es urgente? <br> ¿Es importante? |
| Análisis de problema negativo | ¿Cuál es la causa? <br> Especificar el problema: ¿Qué, dónde, cuándo, cuánto? <br> ¿Cuáles son las consecuencias? <br> ¿Qué se intentó ya? <br> ¿Cuáles son las fuerzas que favorecen y que entorpecen? (fuerzas del campo) |
| Problema potencial | ¿Qué puede pasar? ¿Por qué? <br> Preguntas similares al problema negativo <br> ¿Cuál es la probabilidad? <br> ¿Medidas preventivas? } Esto anticipa el desarrollo <br> ¿Medidas contingentes? } de cursos de acción |
| Problema de implementación | Ver Implementación |
| Aprovechamiento de oportunidades | FODA <br> Identificación de cuestiones claves |
| Desarrollo de cursos de acción | |
| Generación de ideas | ¿Qué soluciones? <br> ¿Qué otras? |
| Evaluación | ¿Qué puede ocurrir? <br> Probabilidad de ocurrencia <br> Pros y contras <br> Importancia relativa de cada uno |

**Consultoría de procesos**

| Decisión | Modelo Prochaska |
|---|---|
| Implementación | |
| Resolución de cuestiones específicas | ¿Quién? ¿Cómo? ¿Con qué? ¿Cuánto? ¿Cuándo? ¿Dónde? |
| Comunicación | ¿Qué? ¿Qué medio? ¿Cuándo?<br>Uniformidad de varios comunicadores |
| Cambio en el comportamiento humano | Análisis político<br>¿Resistencias? ¿De quiénes? ¿Por qué?<br>Medidas para superarlas |
| Medidas de control | ¿Quién? ¿Cómo? ¿Con qué? ¿Cuánto? ¿Cuándo? ¿Dónde? |

# Cambio
## Curva del proceso

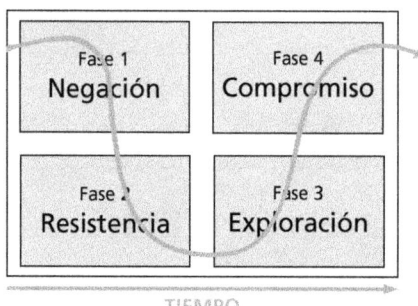

El modelo de la curva del cambio es útil para orientar a personas, equipos y organizaciones a comprender y gestionar el proceso de cambio. La hipótesis es que tiende a ocurrir una secuencia progresiva de comportamientos que son experimentados para poder avanzar adecuadamente en el proceso. Asimismo, permite tomar como algo natural ciertas reacciones que suelen ser percibidas como contraproducentes, tales como la negación, la aprensión, la disconformidad y la resistencia.

Es un modelo especialmente aplicable a aquellas personas, equipos u organizaciones que son sujetos de un cambio que no iniciaron ellos mismos. Comprende cuatro etapas: negación, resistencia, exploración y compromiso. A continuación desarrollaremos brevemente cada una de las etapas.

**Negación**

La etapa de la negación empieza cuando las personas toman conciencia de que el cambio se aproxima, pero actúan como si no pasara nada, ignorándolo y recordando épocas pasadas de confort y seguridad. La negación constituye una defensa contra el cambio. El sujeto se comporta con la ilusión de que al ignorar el cambio este desaparecerá, aunque en general sucede lo contrario y la situación se agrava. La negación acarrea las siguientes consecuencias: se pospone lo inevitable, se pierden oportunidades, no se planifica y no se realizan los cambios necesarios.

**Resistencia**

Una vez que la negación no se puede sostener más, se pone de manifiesto la disconformidad, se acepta que lo que antes era confortable ya no existe y se teme por lo que vendrá. El cambio es visto como una amenaza, predomina la queja, el enojo, la desconfianza y la sensación de pérdida de poder. Esta etapa está muy relacionada con los conceptos desarrollados en el módulo CAMBIO – RESISTENCIA.

### Exploración

La exploración comienza cuando las personas reconocen y aceptan que el cambio es necesario e importante y cuando están dispuestas a llevar a cabo iniciativas que colaboren con el proceso de cambio. Es una etapa de incertidumbre, existen muchas dudas, pero se advierte la oportunidad en el cambio. Se pasa del pesimismo del estadio anterior al optimismo respecto de la nueva situación. Se busca información a través del análisis del entorno, se generan ideas y existe cierta tendencia a tomar riesgos.

### Compromiso

Esta etapa comienza cuando se decide aceptar el cambio y se adopta una nueva actitud de colaboración. Después de haber pasado por un proceso de aprendizaje sobre la base de la experimentación, se logra una capacidad para trabajar eficientemente en el nuevo contexto. Se incrementa la productividad, se adquiere una sensación de realización, logro y alivio. Se aceptan las nuevas normas.

Las dos primeras etapas son conservadoras, ya que todo proceso de cambio exige un período de ajuste hasta que se aprecian los resultados. Una vez superado este primer período comienzan las dos etapas que apoyan la transformación.

Este suele ser el orden en que se desarrollan las reacciones, pero puede ocurrir que se alteren o que dentro de este orden se dé un retroceso. También es importante considerar que la duración de cada etapa no es necesariamente proporcionada; la velocidad del cambio puede variar, pero el objetivo final siempre es alcanzar la etapa de compromiso. Este modelo ayuda para comprender que el cambio es un proceso continuo y no un evento aislado.

# Cambio
## Gestión del tiempo

M 17

| CAMPOS DE ACCIÓN |
| --- |
| I. A qué uno va a dedicar su tiempo |
| II. Cómo mejorar los recursos interpersonales |
| III. Cómo utilizar los recursos disponibles |

En la mayoría de los casos el cambio personal implica modificar la dedicación a ciertas actividades, lo cual tiene que ver con la gestión del tiempo. Ejemplos:

- Un gerente está muy orientado a la tarea y los resultados, pero poco a la gente; entonces se dispone a prestarles más atención a sus colaboradores.
- El dueño de una empresa, con características de *workaholic*, ocupa demasiado tiempo en su trabajo, en detrimento de la relación con su familia; a raíz de los problemas consecuentes, se propone superar tal desequilibrio.
- Un joven profesional decide cursar un MBA para potenciar su carrera; por lo tanto, debe acomodar sus horarios de trabajo, así como también reducir su dedicación a otros campos de la vida.

La gestión del tiempo personal tiene tres grandes campos de acción:

I. A qué uno va a dedicar su tiempo.
II. Cómo manejar las relaciones interpersonales.
III. Cómo utilizar los recursos.

Por razones de espacio, en este módulo nos concentramos en el primer campo. Hacia el final realizamos una breve referencia a los otros dos.

Para abordar con inteligencia el campo indicado en I, un primer paso es tener claro a qué uno dedica actualmente su tiempo. Las investigaciones señalan que las personas suelen tener una idea algo distorsionada al respecto, en mayor o menor grado. A fin de superar esta limitación, es recomendable llevar un registro durante un período determinado (podría ser una semana), anotando cronológicamente cada actividad específica y el tiempo consumido por ella. Al cabo del período, corresponde hacer un resumen agrupando por grandes categorías las actividades y obteniendo el total de horas de cada categoría. Un primer nivel de clasificación puede ser el de los campos de la vida que figuran en el módulo respectivo. A su vez, cabe dividir cada campo en

**Gestión del tiempo**

subcategorías en función de lo que sea más interesante para el análisis; por ejemplo, la dedicación al trabajo puede desglosarse por tipo de tarea.

A partir de dicho conocimiento, hay tres estrategias fundamentales a revisar:

1. El planeamiento y la ejecución de las tareas propias.
2. La delegación de tareas en otras personas.
3. La autonomía personal.

En cuanto a la primera estrategia, es clave identificar cuáles son las actividades prioritarias; por ejemplo, aplicando una clasificación A-B-C. Aquí hay tres conceptos a tomar en cuenta:

- La distinción entre lo importante y lo urgente, que da lugar a cuatro alternativas: importante y urgente (en principio, lo más prioritario), importante pero no urgente, urgente pero no importante y no importante ni urgente.
- El llamado "principio de Pareto" que dice que el 20% de los factores (en este caso, las actividades) causa el 80% de los resultados.
- La aplicación de la metodología de planeamiento estratégico a la situación individual, que implica realizar un análisis estratégico (oportunidades, amenazas, fortalezas y debilidades), la identificación y priorización de cuestiones estratégicas claves, y la formulación de objetivos y estrategias fundamentales.

La clarificación o fijación de prioridades sirve de base para encarar debidamente:

- La eliminación de actividades improductivas.
- El planeamiento de actividades a realizar, previa definición de los objetivos pertinentes. En este orden, en general es conveniente elaborar distintas listas de acciones, según el horizonte de planeamiento, desde la programación del día hasta la planificación a largo plazo.
- La elección de tareas a delegar, lo cual lleva a la segunda estrategia. Aquí juegan todos los conceptos y técnicas inherentes a una delegación afectiva.

La tercera estrategia es disponer de cierta autonomía, a fin de facilitar el manejo adecuado de las otras dos estrategias señaladas, así como también de otros aspectos de la gestión del tiempo. En este sentido es interesante la distinción entre "tiempo controlado" y "tiempo de respuesta". Se da el primero cuando uno se ocupa de lo que elige hacer; por ejemplo, encerrarse en la oficina para analizar un informe. Se da el segundo cuando uno se ocupa de algo a instancias de otro; por ejemplo, suspender lo que se está haciendo para responder a un e-mail recién recibido que contiene un pedido urgente. La distribución entre tiempo controlado y tiempo de respuesta plantea una cuestión de equilibrio: demasiado tiempo controlado suele atentar contra la comunicación con los demás; demasiado tiempo de respuesta perjudica la concentración necesaria para encarar debidamente ciertas tareas. Cada individuo habrá de

## M 17. Cambio
**Gestión del tiempo**

encontrar la mejor ecuación al respecto, en función de las demandas del entorno y de sus propias necesidades y preferencias.

Un enemigo del tiempo controlado y de la dedicación a lo prioritario son las interrupciones. Existen dos tipos de interrupciones: las que generan los demás y las disparadas por uno mismo. Las primeras comprenden las llamadas telefónicas, los mensajes urgentes, las visitas inesperadas, etc. Las segundas radican en actitudes como la ansiedad, la inconstancia, la curiosidad, etc. En general, es conveniente tomar medidas contra las interrupciones, sujeto a lo dicho en el párrafo precedente acerca del equilibrio entre tiempo controlado y tiempo de respuesta. Las medidas contra las interrupciones de los demás pueden ser mecanismos de "filtrado", aislamiento, acuerdo sobre "períodos de tranquilidad", etc. Las medidas contra las interrupciones de uno mismo entrañan cambios de hábitos, que suelen ser difíciles de lograr.

Para terminar, haremos una breve referencia a los campos referidos en II y III, en cuanto a la gestión del tiempo:

- El manejo de las relaciones interpersonales incluye el desarrollo de una comunicación efectiva, la eficiencia en los procesos de resolución de problemas y toma de decisiones, y la productividad de las reuniones.
- La utilización de los recursos disponibles abarca el manejo de la información, la organización de la oficina, la productividad de la secretaria o el asistente (si la/o hubiere), y el aprovechamiento de los tiempos "muertos" (viajes, esperas, etc.).

Para cada una de las estrategias señaladas existen diversos factores de pérdida de tiempo, que estriban en comportamientos propios o presiones externas. Ejemplos de los primeros, respecto del planeamiento y la ejecución de tareas, pueden ser: el intentar demasiado, la carencia de autodisciplina, la incapacidad de decir no, la procrastinación, etc. Ejemplo de los segundos, respecto de la autonomía, pueden ser: el estilo del jefe, demasiadas interrupciones, la demanda de los clientes, etc. En general, no es difícil identificar los factores directos. El problema mayor suele radicar en remover sus causas. En el caso de los comportamientos propios intervienen los rasgos de personalidad; por ejemplo, el individuo del tipo "Caminante, no hay camino, se hace camino al andar" (el "P" según el modelo de Myers-Briggs) que es reacio a planificar, el perfeccionista que tiene dificultades para delegar, el introvertido que abusa del tiempo controlado, etc. En el caso de la presión ajena juega la capacidad de influencia; por ejemplo, lograr una mayor productividad de las reuniones, cambiar de secretaria, etc. La gestión del tiempo requiere analizar las causas de los problemas y encarar los cambios correspondientes en el comportamiento. Pero aquí es importante lo que decimos en el módulo CAMBIO – ORIENTACIÓN A LO FACTIBLE.

M 43 - pág. 126

M 21 - pág. 70

# Cambio
## Manejo de la transición

M 18

| Cambio | Transición |
|---|---|
| Es situacional: circunstancias, condiciones, ambiente | Es personal: intrapersonal, subjetiva |
| Es externo | Es interna e intrapersonal |
| Más rápido | Más lenta |
| Acontecimiento | Respuesta psicológica |

En su libro *Dirigiendo el cambio* (Deusto, 2004), William Bridges propone una distinción entre cambio y transición, y destaca la importancia de diferenciar los cambios efectivos de las respuestas subjetivas de las personas a dichos cambios (las transiciones). Propone que, así como es necesario gerenciar el cambio, es de suma importancia el manejo de las transiciones.

El cambio está constituido por las transformaciones asociadas a las circunstancias, las condiciones y el ambiente que cambia para la persona, ya sea en su vida personal o en la vida de la organización. La transición es el acomodamiento interno de las personas a esa nueva realidad, es la manera en que vivencian el cambio. El concepto de cambio hace referencia al aspecto objetivo y observable; la transición es el aspecto subjetivo.

Los cambios pueden ser inmediatos, las transiciones demandan más tiempo. Por ejemplo, pueden designarnos un nuevo puesto de trabajo (cambio), pero la adecuación a las nuevas tareas y la adaptación a esta nueva realidad (transición) puede llevar mucho tiempo e incluso no lograrse.

Bridges destaca tres etapas distinguibles en todas las transiciones:

- Etapa 1: tiene que ver con la finalización del viejo estado de cosas, el "soltar" o "dejar ir algo". El cambio comienza con el cierre de alguna situación y es probable que se presenten sentimientos de pérdida y de miedo a lo desconocido. Para avanzar, es imprescindible abandonar la vieja situación. Esta etapa está asociada al proceso de resistencia al cambio desarrollado en el módulo CAMBIO – RESISTENCIA. ••▶ M 23 - pág. 76

- Etapa 2: es la llamada zona neutral. Es el proceso psicológico por el que las personas deben pasar para encontrarse en sintonía con la nueva situación. Es importante entender que el cambio no sucede sin este proceso. Es un paso intermedio entre la realidad vieja y la nueva. Normalmente se siente confusión, pero, a la vez, esta fase puede utilizarse para aprovechar el proceso de cambio.

**Manejo de la transición**

- Etapa 3: es el nuevo inicio, los primeros pasos dentro de la nueva realidad. La persona ve más claras sus perspectivas, empieza a vislumbrar en forma más nítida lo que está concretando. Es la etapa de consolidación de una visión precisa y pertinente. Es la etapa más creativa, ya que se deben inventar nuevas cosas.

Las tres etapas son inevitables y necesitan ser atravesadas para gestionar el cambio con efectividad.

# Cambio
## Modelo de Prochaska

M19

| ETAPAS |
|---|
| 1. Precontemplación |
| 2. Contemplación |
| 3. Preparación |
| 4. Acción |
| 5. Mantenimiento |

En muchos procesos de mejora personal, y especialmente al abordar aspectos referidos a competencias conductuales, el aprendizaje entraña un cambio de hábitos. En numerosos casos (por ejemplo, cuando se trata de discontinuar conductas agresivas, abandonar actividades atractivas pero no prioritarias, aceptar los riesgos de la delegación, etc.) el hábito a ser cambiado está profundamente arraigado y es muy difícil reemplazarlo.

Para ayudar en el cambio de hábitos es aplicable un modelo desarrollado por una verdadera autoridad en la materia, James Prochaska, sobre la base de valiosos trabajos de investigación.

El modelo tiene su raíz en problemas de hábitos insalubres: consumo de alcohol, tabaco, drogas, exceso de peso, etc. Pero también es aplicable a otros problemas de hábitos, como muchos comportamientos inadecuados en el terreno de las organizaciones.

Definimos como problema la brecha entre una situación actual o proyectada y un objetivo. El proceso de cambio se propone resolver el problema, superar la brecha. El modelo distingue por un lado las etapas del proceso de cambio y, por otro, las estrategias aplicables, y establece cierta vinculación entre ellas:

A. El proceso de cambio exitoso comprende cinco etapas diferenciables. Cada una de ellas representa una problemática distinta. Algunas personas logran recorrerlas rápidamente, en tanto que otras se mueven despacio, e incluso pueden estancarse en cualquier instancia. El camino no siempre es lineal. Las interrupciones y las recaídas (retorno a patrones antiguos de conducta) constituyen más bien la regla que la excepción.

B. El modelo ofrece una serie de estrategias concretas, de diagnóstico y de acción, para avanzar en el proceso. Pero su aplicación depende de la etapa en que se encuentra la persona. Así, una misma estrategia puede ser provechosa en una etapa pero contraproducente en otra.

## M 19. Cambio
### Modelo de Prochaska

C. La clave consiste en identificar en qué etapa se encuentra la persona, evaluarla, y en función de ello elegir las estrategias pertinentes, a fin de pasar a la etapa siguiente. Se trata de no saltar etapas.

Según el modelo, las etapas son:

1. *Precontemplación*. La persona no está pensando cambiar en el futuro inmediato. En general, porque no reconoce el problema (carece de conocimientos o no quiere verlo), o porque lo ubica fuera de sí misma.
2. *Contemplación*. La persona duda si cambiar o no, o está pensando hacerlo pero todavía no ha ejecutado acciones al respecto.
3. *Preparación*. La persona ha ejecutado ciertas acciones, ha comenzado a cambiar, pero encuentra dificultades para encaminarse al éxito definitivo.
4. *Acción*. La persona está llevando a cabo las acciones necesarias para lograr un cambio exitoso.
5. *Mantenimiento*. La persona ya ha cambiado, pero debe prevenir un retorno a sus antiguos patrones.

El cuadro siguiente señala los objetivos de cada etapa y da un ejemplo de estrategia aplicable.

| ETAPA | OBJETIVO | EJEMPLO DE ESTRATEGIA |
|---|---|---|
| Precontemplación | Tomar conciencia | Brindar información |
| Contemplación | Decidir con convicción | Profundizar el análisis de ventajas y desventajas |
| Preparación | Superar limitaciones | Fijar una meta mínima |
| Acción | Lograr el cambio | Brindar feedback positivo |
| Mantenimiento | No recaer | Monitorear el avance |

El modelo es igualmente útil en diversos casos:

- Directamente para la propia persona que se plantea un cambio en su comportamiento.
- Para alguien que pretende ayudar a generar un cambio en el comportamiento de otro; por ejemplo, un jefe interesado en el aprendizaje de sus colaboradores.

El modelo de Prochaska resulta muy provechoso para favorecer el proceso de transferencia al trabajo de las actividades educativas, a saber:

- Primero, incluir un módulo acerca del modelo y su funcionamiento para que los participantes adquieran el conocimiento necesario, a fin de aplicarlo efectivamente en sus procesos de cambio personal.

**M 19. Cambio**
Modelo de Prochaska

- Segundo, incorporar el empleo del modelo al proceso de diagnóstico, plan de acción, seguimiento y reflexión; proceso adecuado para favorecer la transferencia al trabajo.   ••▶   M 22 - pág. 71

Para profundizar en el tema recomendamos el libro *Changing for Good,* de James Prochaska, John Norcross y Carlo Diclemente (Avon Books, 1994).

## M 20

# Cambio
## Metodología del MRI

| |
|---|
| Definición del problema (relevante, pertinente, urgente o solucionable) |
| Evaluación de soluciones intentadas que mantienen el problema |
| Consideración de qué puede interrumpir el ciclo |
| Determinación del mejor camino para implementar el cambio |

El Mental Research Institute (MRI) es una de las instituciones de psicoterapia más emblemáticas de los Estados Unidos. Fue fundada en Palo Alto, California, donde se gestó el modelo sistémico a partir de 1959. Su particular enfoque se caracteriza por centralizar y determinar cuál es el problema a tratar para buscar una estrategia de resolución. Los problemas no pueden explicarse tomando como base algunas características innatas del consultante, más bien aparecen como consecuencia de los distintos esfuerzos por resolverlos. Se inician con una dificultad ordinaria, de las tantas que surgen en la vida. Esa dificultad crea una incomodidad y para resolverla se suelen emplear estrategias que han sido útiles en el pasado. Por lo general, esas soluciones funcionan, pero en ocasiones no. Luego de un tiempo, se establece un círculo vicioso y la dificultad ordinaria sumada a los intentos de solución fallidos se convierten en un problema inmenso. Esencialmente el modelo postula que cuando una solución intentada no funciona contribuye al mantenimiento del problema y el trabajo del consultor consiste en influir a los consultantes para que desarrollen conductas opuestas a las soluciones intentadas fallidas.

En el modelo MRI, el consultor es un agente activo que inicia deliberadamente el proceso de cambio. Para eso, define el problema, evalúa qué lo está manteniendo, considera qué puede interrumpir el ciclo y determina el mejor camino para implementar ese cambio. El consultor debe desarrollar una estrategia o plan para interrumpir las soluciones intentadas fallidas.

Supongamos que un jefe consulta porque uno de sus colaboradores no puede realizar presentaciones eficaces, porque "se pone nervioso" y esta es una tarea importante para su puesto. El colaborador hace denodados esfuerzos por tranquilizarse pero no lo logra y pone diferentes excusas cada vez que se le pide que lleve a cabo esa tarea. Sus compañeros insisten en que se relaje y que no piense en lo que le preocupa, y su jefe evita tratar el tema para no irritarlo y, por lo tanto, no le da feedback, ni lo acompaña. Todos estos intentos de solución, como resultan fallidos, se registran como soluciones intentadas. El consultor desarrollará una estrategia o plan tendiente a interrumpirlas; por ejemplo, acordará con el jefe que este realizará un proceso de coaching y acompañará a su colaborador en algunas presentaciones, comenzando por presentaciones poco importantes y, cuando vaya tomando confianza, aumentará la relevancia de las mismas.

Es importante resaltar que al aplicar este modelo debe elegirse un solo problema a tratar y no una mezcla o superposición de varios.

En la definición del problema el consultor debe tener en cuenta las siguientes dimensiones:

- Relevancia (si es considerado o no suficientemente importante por los miembros del sistema).
- Pertinencia (si está acorde o no con las visiones o cogniciones del consultante).
- Relación con la urgencia (si toma en cuenta el riesgo, el tiempo o los plazos).
- Factibilidad de la solución (si encaja o no con las acciones o conductas posibles para resolverlo).

La gran mayoría de las consultas se origina en problemas persistentes que se expresan en conductas. El MRI no intenta eliminar la causa original del problema, ni se preocupa por encontrarla. Apunta a modificar la secuencia de conductas que se refuerzan mutuamente en el intento de solucionar el problema y que contribuyen a mantenerlo. En el ejemplo, el consultor no indagará sobre los motivos que llevan al colaborador a "ponerse nervioso", porque esto no es relevante para su tarea.

El foco de análisis en el MRI está puesto en los procesos. Se presta atención a qué comportamiento de quién desencadena la conducta problemática, y qué comportamientos de quiénes siguen a esta con el propósito de solucionarla; se trata de identificar este ciclo autoperpetuante.

Por último, es importante resaltar que el consultor debe dirigir sus intervenciones a aquellos miembros del sistema que estén particularmente motivados para resolver el problema. En el ejemplo anterior, se diseña una estrategia en la que interviene el jefe, ya que con su inclusión hay mayores posibilidades de solucionar el problema.

## M 21

# Cambio
## Orientación a lo factible

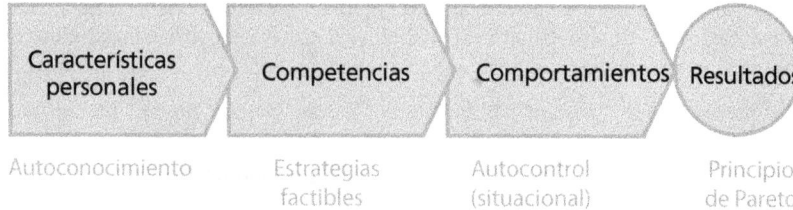

M 45 - pág. 129
M 48 - pág. 135

En el módulo FACTORES – ANÁLISIS GENERAL analizamos las distintas causas del comportamiento. Entre ellas cabe destacar la influencia de las características personales, que tratamos en el módulo respectivo. Aquí señalamos que ciertas características (las condiciones físicas, la personalidad y la inteligencia) en parte provienen de factores genéticos y en parte se constituyen en una etapa temprana de la vida; en tanto que otras (los valores y creencias, y la vocación) suelen comenzar a desarrollarse en tal etapa. Por lo tanto, dichas características son difíciles de cambiar, lo cual reduce las probabilidades de modificar el comportamiento.

Sin embargo, el cambio puede ser menos problemático de lo que aparenta si se concentra en aquellos aspectos en los que la propuesta puede tener éxito. En este sentido, cabe delinear algunas pautas:

- En principio, no tratar de cambiar significativamente las características personales en sí. Aquí lo importante es el autoconocimiento.
- El desarrollo de competencias no debe circunscribirse a superar debilidades; bien puede consistir en aprovechar las fortalezas.
- Muchas características personales no son buenas ni malas *per se*. La cuestión no es cambiarlas, sino que el individuo pueda controlarlas cuando en determinadas situaciones lo inclinan a caer en comportamientos contraproducentes.

M 89 - pág. 223

Aquí son aplicables los conceptos contenidos en el módulo PROBLEMAS – DEBILIDADES BASADAS EN FORTALEZAS.

La idea es entonces evitar la "zona de peligro", o sea aquellos comportamientos que en determinadas situaciones nos hacen "meter la pata". Esto, claro está, requiere autocontrol.

Lo antedicho demanda dos aptitudes: autoconocimiento y autocontrol, integrantes

M 61 - pág. 158

de la inteligencia emocional.

Podríamos aventurar que la zona de peligro representa el 20% de los comportamientos y que, si logramos manejarla debidamente, nuestros resultados llegarían a mejorar un 80%. Sería como aplicar el famoso principio de Pareto al cambio del comportamiento en el trabajo.

# Cambio
## Plan de Desarrollo Personal (PDP)

M 22

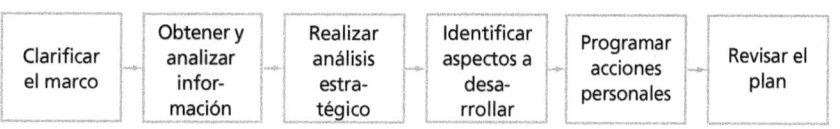

◀◀
Módulo
antecedente
11

En el módulo APRENDIZAJE – TRANSFERENCIA DE LA CAPACITACIÓN AL TRABAJO planteamos la conveniencia de realizar un proceso de diagnóstico, plan de acción y seguimiento como complemento de una actividad educativa a fin de lograr efectivamente el aprendizaje perseguido. Este proceso es más necesario en el caso de la capacitación conductual, en comparación con la capacitación técnica o funcional. Aún más, cabe desarrollarlo para cambiar comportamientos aunque no medie una actividad educativa específica. En este orden, suele ser provechoso elaborar un plan de desarrollo personal (PDP), como complemento de una actividad educativa o a partir de cualquier otro factor pertinente. A continuación proponemos una serie de pasos para ello.

••▶ M 11 - pág. 46

A. Clarificar el marco que sirve como disparador del proceso: la participación en una actividad educativa, la lectura de un libro, el planteo de una concepción religiosa, la reflexión causada por una crisis, el análisis de las competencias requeridas en el trabajo, un desafío laboral, problemas de relaciones interpersonales, etc. Diversos módulos de esta obra pueden ser útiles al respecto.

B. Obtener y analizar información acerca de uno mismo que ayude al diagnóstico personal:

1. Instrumentos de diagnóstico. Por ejemplo, el Inventario NEO-PI (correspondiente al modelo de los cinco grandes factores de rasgos) o el MBTI (correspondiente al modelo de Myers-Briggs).

••▶ M 78 - pág. 195
••▶ M 43 - pág. 126

2. Evaluaciones recibidas en el trabajo.

3. Feedback recibido de compañeros de trabajo, amigos, etc.

••▶ M 56 - pág. 150

4. Otras fuentes de información, como podría ser la psicoterapia.

C. Realizar un análisis estratégico personal (usualmente caracterizado con la sigla FODA):

1. Identificar fortalezas y debilidades o aspectos mejorables (análisis "interno").

2. Identificar oportunidades y amenazas del entorno (análisis "externo").

M 22. Cambio
**Plan de Desarrollo Personal (PDP)**

D. Identificar aspectos prioritarios a desarrollar. Pautas fundamentales:

1. Concentrarse en lo verdaderamente prioritario (en general, unos pocos aspectos).

2. Considerar el desarrollo de fortalezas, y no solo la superación de debilidades.

3. Tomar en cuenta lo señalado en el módulo CAMBIO – ORIENTACIÓN A LO FACTIBLE.

E. Programar las acciones personales concretas tendientes a mejorar los aspectos identificados siguiendo el punto D. Pautas fundamentales:

1. Registrar las acciones en términos de comportamientos personales específicos (qué voy a hacer).

2. Concentrarse en acciones que provocarán resultados en un futuro cercano.

3. Tomar en cuenta lo señalado en el módulo CAMBIO – MODELO DE PROCHASKA.

En el Anexo se indican tipos de acciones que pueden formar parte del plan de acción y se brindan ejemplos al respecto.

F. Acordar con un coach u otra persona confiable la revisión del plan.

Plan de Desarrollo Personal (PDP)

## ANEXO

## PLAN DE DESARROLLO PERSONAL

## TIPOS DE ACCIONES

A. Acciones orientadas a profundizar el diagnóstico.

1. Obtener feedback adicional (puede ser "cara a cara").
   - Solo si media la suficiente confianza mutua; que no sea amenazante para el interlocutor.
   - Dejar bien en claro que no se está cuestionando el feedback recibido previamente. Al contrario, que se agradece. El objetivo es profundizarlo.
2. Emplear instrumentos de diagnóstico.
3. Hacer análisis estratégico personal: oportunidades y amenazas del entorno, y fuerzas y debilidades personales (FODA).
4. Planificar escenarios (obtener información pertinente, imaginar, evaluar probabilidades, proyectar consecuencias, etc.).
5. Encarar un programa de gestión del tiempo, comenzando por el registro del uso del tiempo durante un período determinado.

B. Cambios en el comportamiento.

|   | | **Ejemplos** |
|---|---|---|
| 1. | Encarar nuevas experiencias | Participar en un proyecto especial. Procurar una nueva asignación que me saque de mi zona de confort. Incrementar significativamente mi involucramiento en el ajuste mutuo con mis pares para resolver problemas intersectoriales. |
| 2. | Encarar acciones puntuales | Organizar una reunión de planeamiento estratégico de mi área de responsabilidad con la participación de todos mis reportes directos. Identificar tareas importantes que estoy realizando personalmente, pero que podría delegar. Identificar a un colaborador en quien delegar eficazmente esas tareas. Proceder a su delegación aplicando el método correspondiente. Encarar un encuentro positivo a fin de resolver un conflicto. |

**Plan de Desarrollo Personal (PDP)**

| | |
|---|---|
| 3. Fijar metas y encarar acciones consecuentes | Visitar un número determinado de clientes potenciales en cierto período de tiempo.<br>Hacer una clasificación (A-B-C) de mis clientes actuales según su prioridad, y cumplir un programa consecuente de visitas.<br>Completar tareas pendientes, cuya finalización se estaba demorando demasiado. |
| 4. Establecer rutinas | Almorzar con cada colaborador al menos una vez al mes.<br>Trabajar con la puerta abierta, excepto cuando tenga cierto tipo de reuniones, y decirles a todos que me interrumpan todo lo que necesiten. Y, si no puedo atenderlos en el momento en que me reclaman, agendar un encuentro para concretarlo.<br>Salir más de mi oficina, para recorrer el lugar donde trabajan mis colaboradores y tratar de acercarme a ellos para interiorizarme acerca de cómo van las cosas. |
| 5. Establecer pautas acerca de cómo reaccionar frente a ciertas situaciones | Brindar a mis colaboradores feedback de refuerzo cada vez que observe un comportamiento que lo merezca.<br>En las reuniones, participar más / ser más asertivo (podría ser lo opuesto).<br>En las conversaciones con mis colaboradores, dedicarme a escuchar al menos el 50% del tiempo. |
| 6. Evitar comportamientos indebidos | Evitar ciertas barreras defensivas.<br>En las conversaciones, no interrumpir a mi interlocutor.<br>No emplear palabras o tonos agresivos. |

C. Cambios en las condiciones de trabajo.

| | **Ejemplos** |
|---|---|
| 1. Cambios en la estructura y los sistemas | Promover una modificación de la estructura organizativa.<br>Mejorar procesos operativos que están entorpeciendo mi trabajo.<br>Procurar que el sistema de información me provea sistemáticamente información que hoy no me brinda. |
| 2. Potenciar el trabajo en equipo | Utilizar a otras personas como "contrapeso" de mis debilidades.<br>En las reuniones a mi cargo, asignar un facilitador (o moderador) responsable de conducir el proceso de la reunión en lugar de hacerlo yo.<br>Mejorar el trabajo en equipo con mi jefe, a partir de una mayor consideración de sus problemas y necesidades. |

**Plan de Desarrollo Personal (PDP)**

D. Actividades de formación.

(Destinadas a adquirir conocimientos y/o desarrollar habilidades).

1. Enseñanza presencial.
2. E-learning.
3. Lectura.
4. Coaching.
5. Identificar a una persona como "rol modeling", pedirle ayuda y proceder en consecuencia.
6. Otras.

# Cambio
## Resistencia

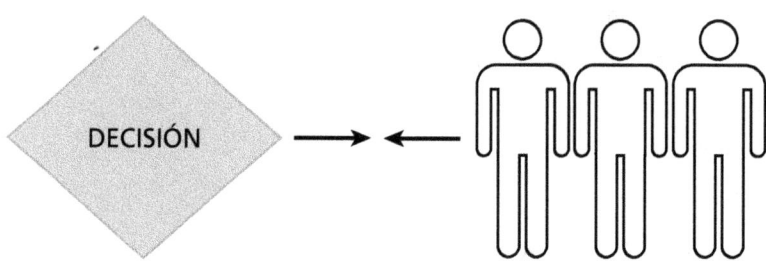

Existen muchos motivos por los cuales las personas ofrecen resistencia al cambio. Dentro de ellos cabe distinguir:

- Consecuencias personales desfavorables.
- Barreras psicológicas.
- Barreras intelectuales.

Las consecuencias personales desfavorables abarcan la pérdida de:

- Beneficios.
- Poder.
- Prestigio.
- Privilegios.

Las barreras psicológicas comprenden:

- Falta de participación en el proceso (proyecto ajeno).
- Confrontación con una realidad desagradable.
- Opción por alternativas difíciles o desagradables.
- Necesidad de tomar una medida impopular o afrontar un conflicto.
- Disonancia con supuestos acerca de la realidad, valores, estilos, vocaciones, etc., de carácter personal.
- Temor a lo desconocido.
- Abandono de un hábito arraigado.

Las barreras intelectuales incluyen:

- Falta de conocimientos.

M 23. Cambio
**Resistencia**

- Desacuerdo sobre premisas o razonamientos.
- Modelos mentales cerrados.   ••▶   M 53 - pág. 144

La gente suele adoptar maneras indirectas de expresar su resistencia al cambio:
- Pedir más detalles.
- Inundar con detalles.
- Invocar falta de tiempo.
- Atribuir falta de practicidad.
- Manifestarse no sorprendido (restar importancia).
- Atacar.
- Mostrar confusión.
- Mantener silencio.
- Intelectualizar.
- Moralizar (echar la culpa a otros).
- Cumplir todo al pie de la letra, pero nada más.
- Cuestionar la metodología.
- Invocar que ya están ocurriendo mejoras significativas.
- Presionar por soluciones inmediatas.

Sin embargo, no necesariamente la gente ofrece resistencia al cambio. En este sentido el ser humano suele ser más racional de lo que se supone. Lo que ocurre es que muchos cambios tienen efectivamente consecuencias desfavorables para algunas personas, y es natural que estas se resistan. Además, en ciertas ocasiones la resistencia no es al cambio en sí, sino al cambio impuesto. Esto tiene bastante que ver con las barreras psicológicas e intelectuales.

Por otra parte, hay cambios que generan sentimientos positivos: entusiasmo por un futuro mejor, liberación de una situación actual desagradable, satisfacción por el reconocimiento de ideas propias, expectativas de desarrollo personal, etc.

Los cambios que un líder (persona o grupo) pretende lograr en el comportamiento de los demás muchas veces requieren un cambio en su propio comportamiento. Por ejemplo, el desarrollo de la iniciativa de los subordinados puede necesitar una modificación en el estilo autoritario o controlante del jefe. Y en algunas circunstancias el líder quiere que los demás cambien, pero no tiene intención de cambiar él.

Para profundizar sobre este tema, recomendamos el libro *Consultoría sin fisuras,* de Peter Block (Ediciones Granica, 1994), capítulos 8 y 9.

# Coaching

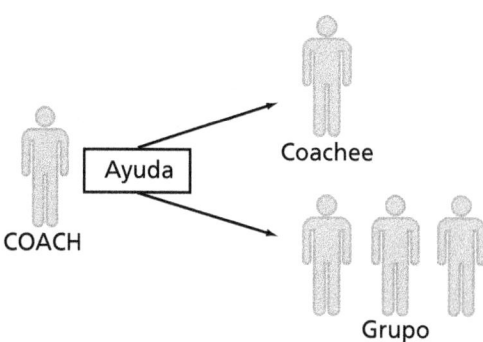

El coaching es una modalidad de aprendizaje en la cual alguien (el coach) ayuda a un miembro o a un grupo integrante de una organización (coachee/s) con el propósito de:

- Mejorar el desempeño.
- Resolver un problema personal o interpersonal.
- Superar una crisis.
- Encarar debidamente un desafío del contexto.
- Favorecer el crecimiento o la carrera personal.

M 29 - pág. 89   Es normal que cualquiera de dichos objetivos implique el desarrollo de competencias y el cambio personal. Además, los objetivos suelen superponerse; por ejemplo, cuando mejorar el desempeño requiere resolver un problema personal, que a su vez implica una crisis, y todo esto afecta el crecimiento y la carrera a largo plazo.

En las organizaciones, el coaching puede ser ejercido por diversas personas:

I. El jefe del coachee u otro individuo del nivel superior. (Aún más, en la concepción del management moderno se entiende que el jefe debe ejercer funciones de coach con sus colaboradores.)

II. Un coach especialmente asignado a la función, habitualmente durante un período determinado, con una cierta misión. Este coach suele ser un profesional externo a la organización, contratado al efecto; pero también puede ser un miembro de la organización especializado en la materia, generalmente un especialista del área de recursos humanos.

Dentro del concepto de coaching en sentido amplio cabe hacer la distinción entre:

A. El coaching en sentido estricto, dirigido fundamentalmente a una problemática actual o a desafíos de corto plazo.

B. El mentoring, que se orienta al desarrollo a mediano o largo plazo. ••▶ M 28 - pág. 87

En el caso del coaching referido en I, en general se considera que el coaching señalado en A es una responsabilidad del jefe, en tanto que el mentoring indicado en B, de ser ejercido, le corresponde a una persona distinta del jefe, en principio alguien de un nivel superior.

En cuanto a los destinatarios del coaching cabe diferenciar:

1. El coaching individual para una persona determinada en función de sus necesidades específicas. En el caso de II, incluye una serie de reuniones entre el coach y el coachee, amén de otras actividades. Para profundizar al respecto, sugerimos ver el módulo COACHING INDIVIDUAL – MOTIVOS Y METODOLOGÍA. ••▶ M 27 - pág. 84

2. El coaching individual de un conjunto de personas a partir de un factor común, que puede ser:

    - Un proceso de transferencia de la capacitación al trabajo complementario de una actividad de capacitación. ••▶ M 11 - pág. 46

    - El apoyo al plan de desarrollo disparado por un proceso de evaluación, como ser el de feedback 360°.

3. El coaching grupal, tendiente a mejorar la productividad de las reuniones, incrementar la participación en la toma de decisiones, desarrollar el trabajo en equipo, superar barreras defensivas, resolver conflictos, etc. Al respecto, nos remitimos al libro de la Colección "Management en Módulos" titulado *Conversaciones de trabajo*, de Santiago Lazzati (Ediciones Granica, 2014).

En general, el coaching opera en el ámbito de las organizaciones y su objeto es la problemática de trabajo. En cambio, la psicoterapia pertenece al plano personal y a cualquier orden de la vida. Sin embargo, el coaching puede tener que afrontar comportamientos cuya causa incursiona en el terreno personal; por ejemplo, cierto rasgo de personalidad que afecta el desempeño del coachee. Aquí el coach debe mantenerse en el ámbito organizacional, pero no puede evitar la consideración de factores psicológicos no solo en el diagnóstico, sino también en la evaluación de las intervenciones correspondientes. En este orden, puede darse el caso de que el coach deba suspender el coaching porque lo aconsejable es recurrir a la psicoterapia.

También suele hacerse la distinción entre coaching y *counseling*. Pero, dado que el counseling es una especie de terapia dentro de un campo de acción limitado, a tal distinción le es aplicable lo dicho en el párrafo precedente.

# Coaching
## Competencias del coach

- Conocimientos y experiencias en coaching
- Conocimiento de disciplinas aplicables
- Habilidades interpersonales
- Condiciones personales

Dentro de las competencias del coach, cabe distinguir cuatro campos:

1. Los conocimientos y la experiencia en materia de coaching (capacidad profesional), que incluyen el empleo de los principios y de la metodología del coaching.

2. Conocimientos de diversas disciplinas aplicables al coaching, entre ellas la administración de empresas, la psicología y la educación. Aquí nos remitimos al módulo COACHING – CONOCIMIENTOS APLICABLES. Con relación a la administración de empresas, es importante que el coach cuente con una amplia experiencia al respecto, con preferencia en posiciones de alta responsabilidad.

3. Habilidades interpersonales, comenzando por la empatía y la vocación de servicio (como actitudes fundamentales) y siguiendo con la capacidad de indagación y diálogo, la escucha activa, la didáctica y otras habilidades comunicacionales.

4. Condiciones personales, como la inteligencia emocional intrapersonal, la capacidad intelectual y la ética.

# Coaching
## Conocimientos aplicables

| Procedentes de |
|---|
| La administración de empresas |
| La psicología |
| La educación |
| Otras disciplinas |

El coach no solo tiene que emplear cierta metodología, sino que además puede o debe utilizar una variedad de conocimientos en función de la problemática que se va desarrollando a lo largo del proceso. En este orden, algunas escuelas o corrientes de pensamiento tienden a concentrarse en determinado tipo de conocimiento; por ejemplo, el denominado *coaching ontológico* que hace hincapié en la aplicación de la ontología del lenguaje. Sin cuestionar el valor de una u otra disciplina, creemos conveniente que el coach disponga de una batería de conocimientos provenientes de múltiples disciplinas, y que decida su aplicación de acuerdo con las circunstancias, o sea sobre la base de un enfoque situacional.

Entre los conocimientos pertinentes, podemos señalar los siguientes.

A. Conceptos y técnicas básicas que forman parte del management o administración de empresas. Aquí cabe destacar:

1. La metodología de resolución de problemas y toma de decisiones. En sustancia, el coaching entraña un proceso de resolución de problemas y debe aplicar dicha metodología, de una forma u otra. Al respecto nos remitimos al libro de la Colección "Management en mótulos" titulado *La toma de decisiones. Principios, procesos y aplicaciones,* de Santiago Lazzati (Granica, 2013). ••▶ M 84 - pág. 207

2. La consultoría de procesos, que consiste en ayudar a otro a recorrer su propio proceso de toma de decisiones. Implica colaborar más en el proceso en sí que en el contenido, hacer preguntas inteligentes más que brindar respuestas, emplear el diálogo más que la discusión, provocar la reflexión del otro más que decirle qué tiene que hacer. El procedimiento tiene mucho de la mayéutica socrática. En esta materia es esencial la obra de Edgar Schein *Consultoría de procesos,* Volumen II (Addison-Wesley, 1998). ••▶ M 15 - pág. 54

3. El pensamiento sistémico, muy bien tratado en *La quinta disciplina,* de Peter Senge (Ediciones Granica, 1992).

M 26. Coaching
**Conocimientos aplicables**

4. Conceptos y técnicas de comunicación que facilitan la relación entre el coach y el coachee, y entre este y otras personas. Al respecto nos remitimos al libro de la Colección "Management en Módulos" titulado *Conversaciones de trabajo,* de Santiago Lazzati (Ediciones Granica, 2014).

5. El desarrollo del liderazgo, tomando en cuenta, entre otras cosas, modelos de comportamiento y de estilos como: participativo vs. directivo, orientación a la tarea y los resultados, orientación a la gente, liderazgo situacional, etc.

6. El desarrollo del trabajo en equipo, tanto intragrupal como intergrupal.

B. Otros conceptos y técnicas de management que se han nutrido fundamentalmente de la psicología, como ser:

M 65 - pág. 167
1. Las teorías de la motivación humana y su aplicación a la gestión de los recursos humanos.

M 39 - pág. 120
M 43 - pág. 126
M 61 - pág. 158
2. Modelos e instrumentos de diagnóstico acerca de las características personales y las competencias del coachee, que facilitan su conocimiento por parte del coach. Por ejemplo, el modelo de Myers-Briggs y su instrumento Myers-Briggs Type Indicator (MBTI), las ideas y aplicaciones en materia de inteligencia emocional, etc.

C. Conceptos y técnicas de la psicoterapia provenientes de distintas corrientes, que también son aplicables al coaching:

M 91 - pág. 227
1. Del cognitivismo, caso del tratamiento de las falacias según Aaron Beck o de las ideas irracionales según Albert Ellis.

M 20 - pág. 68
2. Del enfoque sistémico, por ejemplo la metodología del MRI (Mental Research Institute) para encarar problemas, o las estrategias de cambio desarrolladas por Paul Watzlawick y otros autores.

M 19 - pág. 65
3. De otras investigaciones sobre el cambio personal, especialmente el modelo de Prochaska sobre cambio de hábitos.

M 54 - pág. 146
M 52 - pág. 143
4. De la psicología positiva, que incluye el aprendizaje del optimismo propuesto por Martin Seligman, el manejo de las interacciones positivas y negativas, etc.

5. De las concepciones humanistas, que incluyen la Gestalt (Fritz Perls), la terapia del diálogo o centrada en el cliente (Carl Rogers) y la logoterapia (Victor Frankl).

M 58 - pág. 154
6. De prácticas del conductismo que han demostrado su eficacia (generalmente integradas con el cognitivismo), con independencia del rechazo a su tesis original reduccionista.

M 75 - pág. 188
M 78 - pág. 195
7. De las teorías de la personalidad y sus aplicaciones, de las cuales vale destacar el "Modelo de los cinco factores" sobre rasgos de la personalidad.

8. De aportes específicos de otras fuentes, como ser el análisis transaccional.

**Conocimientos aplicables**

D. Contribuciones procedentes del campo de la educación. Entre ellas resaltamos:
   1. Los avances logrados en cuanto a la transferencia al trabajo de las actividades educativas. ••▶ M 11 - pág. 46
   2. El *action learning* o aprendizaje basado en la acción. ••▶ M 01 - pág. 26
   3. El modelo de Kolb referente al proceso y a los estilos de aprendizaje. ••▶ M 02 - pág. 28
   ••▶ M 06 - pág. 36
E. Los aportes de otras disciplinas; entre otras:
   1. La ontología del lenguaje. Sobre este tema hay frondosa bibliografía. Elegimos citar *Ética y coaching ontológico* de Rafael Echeverría (Ediciones Granica, 2011). Este autor tiene otros libros sobre el tema, también publicados por Ediciones Granica.
   2. La programación neurolingüística. Aquí también hay abundante bibliografía. Elegimos citar *Coaching para la transformación personal,* de Lidia Muradep (Ediciones Granica, 2009).
   3. El análisis y el tratamiento de los conflictos.

Dados los conocimientos aplicables al coaching enunciados precedentemente, creemos que los dos prototipos principales de un buen coach son:

- Un ex ejecutivo de alto nivel (cuya experiencia le ha brindado una comprensión integral de las organizaciones) que tenga una fuerte orientación humanística y conocimientos acerca del comportamiento humano.
- Un psicólogo que tenga gran experiencia y conocimiento de las organizaciones.

Dentro de estos dos prototipos, la conveniencia de uno u otro habrá de depender, entre otros factores, de la problemática del coachee.

# Coaching individual
## Motivos y metodología

Los motivos y la metodología de un proceso de coaching pueden ser muy diversos.

En este texto primero enunciaremos los motivos por los cuales se acostumbra poner en marcha un proceso de coaching. Cada caso puede corresponder a uno o más de los motivos enunciados (no son excluyentes entre sí).

En cuanto a la metodología, caben múltiples alternativas. En este módulo brindamos ciertos lineamientos que consideramos convenientes en la mayoría de las situaciones. El lector puede incorporar modificaciones conforme a sus preferencias y las circunstancias del caso.

### Motivos del coaching

El coaching individual es especialmente beneficioso para personas (ejecutivos, gerentes, etc.) que:

- Evidencian alto potencial.
- Pasan de una función técnica a un rol gerencial.
- Afrontan nuevas responsabilidades gerenciales (incluido un nuevo CEO o gerente general).
- Encaran desafíos especiales (empresa familiar, puesta en marcha de una empresa, etc.).
- Son líderes de proyectos importantes.
- Afrontan un trabajo nuevo.
- Se proponen desarrollar ciertas competencias.
- Se proponen mejorar el desempeño.
- Afrontan problemas interpersonales en el trabajo.

Motivos y metodología

- Están pasando por un proceso de "derailment".  ··▶  M 94 - pág. 235
- Están desvinculándose de la empresa.

**Tareas previas a la primera o segunda entrevista de coaching**

1. Relevamiento de cierta información acerca de la organización, del coachee y de personas estrechamente vinculadas con él.
2. Contestación por parte del coachee de ciertos instrumentos de diagnóstico, a convenir entre el coachee y el coach, tomando en cuenta la información indicada en 1.   ··▶  M 39 - pág. 120
   ··▶  M 82 - pág. 202
3. Para algunos de los instrumentos indicados en 2 existe la opción de que los contesten no solo el coachee, sino también otras personas (colaboradores, pares y superiores, según corresponda), siempre respecto del coachee (o sea, como feedback para él).

**Entrevistas entre el coachee y el coach**

En las entrevistas suele ser preferible emplear una metodología de tipo "circular", en la cual cada entrevista cubre varias fases que luego se repiten sucesivamente. En general, las fases son las siguientes:

1. Establecimiento de la relación entre el coach y el coachee. Aquí debe quedar clara la misión del coaching y sus reglas de juego (por ejemplo, en cuanto a la confidencialidad de la información). Además, es fundamental establecer una base de confianza y respeto mutuos.
2. Conocimiento del coachee y de su entorno. Al respecto son aplicables las tareas previas indicadas precedentemente.
3. Diagnóstico de las necesidades del coachee. El coach ayuda al coachee a identificar y analizar sus problemas en el marco de la misión establecida. En este paso es común que el coach induzca al coachee a reformular el problema original, a que reconozca cuál es la verdadera problemática. Realizado el diagnóstico se define el objetivo del proceso.
4. Desarrollo de un plan de acción a ser llevado con posterioridad a cada una de las sesiones. El coaching se presta especialmente para la aplicación del *action learning*. Pero también el coach y el coachee pueden ponerse de acuerdo en recurrir a otras modalidades de aprendizaje, como asistir a una actividad de enseñanza presencial, al autoestudio, etc.   ··▶  M 01 - pág. 26
   ··▶  M 09 - pág. 42
5. Acciones del coachee y su monitoreo por parte del coach, por medio de la observación (más factible cuando el coach es el jefe) o la indagación. En general, es importante que el coachee se lleve alguna tarea al finalizar cada sesión.

M 27. Coaching individual
Motivos y metodología

M 56 - **pág. 150**

6. Suministro de feedback del coach al coachee y seguimiento del proceso. Habitualmente esto recrea el proceso: profundización del diagnóstico, plan de acciones adicionales, etc.

**Posibilidad de otras actividades del coach**

Sujeto al consentimiento previo del coachee, y a fin de favorecer el proceso de coaching, cabe la posibilidad de que el coach:

- Entreviste a otras personas de la organización relacionadas con el coachee.
- Observe actividades del coachee, incluyendo reuniones que él conduzca.

**Políticas de la relación con la organización y el coachee**

Toda la información que el coachee suministre al coach es absolutamente confidencial. El coach podrá transmitirla a otros miembros de la organización con el consentimiento previo del coachee, que deberá ser específico respecto de la información a transmitir.

El coaching pone foco en la actividad laboral del coachee. No es su objetivo abordar los problemas de índole personal del coachee, que van más allá de lo que acontece en dicha actividad. En caso de que se requiera abordarlos, porque interfieren en el logro de los objetivos del coaching, cabe plantear la conveniencia de un proceso de counseling o de psicoterapia, distinto del coaching. En esta situación, es conveniente separar un proceso del otro, e incluso puede ser preferible suspender el coaching para iniciar debidamente lo que corresponda. Un buen coach no requiere tener competencias para ejercer el counseling o la psicoterapia, pero debe poseer los conocimientos pertinentes para darse cuenta de cuándo sería provechoso recurrir a estas alternativas.

M 26 - **pág. 81**

# Coaching
## Mentoring

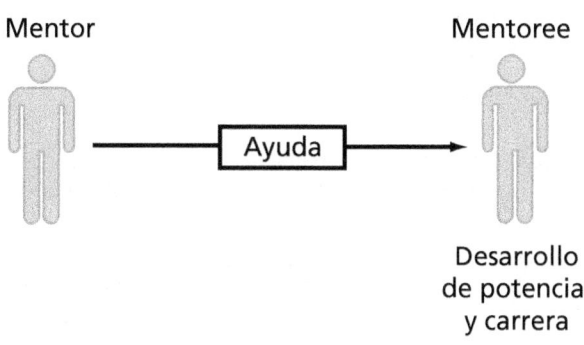

En el módulo sobre COACHING indicamos que dentro del concepto de coaching en sentido amplio cabe hacer la distinción entre:

A. El coaching en sentido estricto, dirigido fundamentalmente a la problemática actual o desafíos de corto plazo.
B. El mentoring, que se orienta al desarrollo a mediano o largo plazo.

El mentoring es un proceso por el cual alguien (el mentor) ayuda a otro (el mentoree), a desarrollar su potencial y su carrera en una determinada organización, con un enfoque de mediano a largo plazo. El mentoring puede ser útil para cualquier persona que esté a punto de atravesar una etapa de transición profesional, sin importar en qué nivel de la organización o de su vida profesional se encuentre.

Durante el proceso de mentoring, a través de sugerencias y también del relato de sus propias vivencias, el mentor ayuda al mentoree a lograr insertarse de la mejor manera en el contexto organizacional y desplegar allí sus potencialidades.

Es preferible que el mentoring lo realice alguien distinto del jefe; habitualmente corresponde a un ejecutivo que está varios niveles arriba del mentoree y que reúne las competencias pertinentes para actuar de mentor.

Hay organizaciones que tienen programas especiales de mentoring, con mentores asignables a los miembros de la organización que son identificados por su alto potencial de crecimiento.

Para comprender el tipo de ayuda que brinda un mentor, es útil reflexionar sobre los diferentes roles posibles que deberá jugar según las necesidades del mentoree. Algunos de los más importantes son las que se listan a continuación.

- Orientador: ayuda al aprendiz a analizar decisiones difíciles y a evaluar posibles alternativas.
- Modelo a imitar: el mentor debe ser un ejemplo a seguir con relación a aquellas cualidades que en el futuro deba desarrollar el mentoree.

## M 28. Coaching
**Mentoring**

- Consultor: alguien a quien hacerle las preguntas difíciles, sin que genere ningún tipo de perjuicio o compromiso.
- Consejero profesional: ayuda al aprendiz a crear e implementar un plan de carrera profesional.
- Consejero político: asesora acerca del funcionamiento de una organización o sistema laboral, y guía al mentoree a través de la trama política y social que se vive en ella.
- Consejero crítico: algunas veces simplemente está allí para escuchar y dar aliento; otras, para dar una devolución crítica, que seguramente sería más difícil de aceptar para el mentoree si viniera de una fuente menos confiable o incluso de su propio jefe.
- Facilitador / Vinculador: ayuda al mentoree a desarrollar sus propios recursos y vínculos.

Si bien el proceso de mentoring debe tener definido un objetivo preciso, es el mentor quien se pone al servicio del mentoree en cada encuentro para conversar sobre lo que este desee. Los procesos generalmente suelen pautarse con una duración de unos cuantos encuentros bimestrales; por ejemplo, diez.

En una relación efectiva de mentoring, el mentoree debería esperar:

- Empatía / Escucha.
- Ir más allá.
- Compartir las experiencias.
- Confidencialidad.
- Ayuda para comprender el funcionamiento de la organización.
- Ayuda para desarrollar las capacidades de crear vínculos.
- Asesoramiento / Orientación.

Cuatro de cada cinco altos ejecutivos confirman que tener un mentor fue una de las claves fundamentales de su éxito.

El mentoring explota un instinto básico compartido por muchas personas: el deseo de transmitir el conocimiento, de ayudar a otras personas a desarrollar y alcanzar su potencial en función de las propias vivencias y experiencias vividas.

El mentoree no debería espera del mentor:

- Apadrinamiento.
- Protección.
- Entrenamiento práctico.
- Ayuda para desarrollar competencias en el corto plazo.
- Resolución de problemas específicos actuales.

# Competencias

**CARACTERÍSTICAS PERSONALES ⟶ ÉXITO**

Comportamiento observable

Características subyacentes

Las competencias están dadas por aquellas características personales que son causales de un desempeño exitoso en el puesto de trabajo. El concepto de competencia les debe mucho a los trabajos pioneros de David A. McClelland, que partieron de la siguiente observación: los clásicos tests de conocimientos y habilidades no son suficientes para predecir el desempeño en el trabajo o el éxito en la vida. En el módulo FACTORES – CARACTERÍSTICAS PERSONALES se analizan dichas características.

Dentro de las características personales cabe distinguir los comportamientos observables de las características subyacentes. En materia de competencias, ciertos autores hacen hincapié en los comportamientos; otros, en cambio, enfatizan las características subyacentes. La definición de competencias indicada en el párrafo precedente comprende ambos tipos de características personales, que están muy entrelazadas entre sí.

Las características personales que dan lugar a las competencias pueden verse como parte de un iceberg. Los conocimientos y las habilidades son más fáciles de evaluar y de desarrollar (en general, a través de la capacitación). A medida que se baja a la parte inferior del iceberg son más difíciles tanto el diagnóstico como el cambio personal (que puede requerir intervenciones como la psicoterapia). Pero, en general, las competencias más profundas, una vez detectadas, permiten predecir comportamientos futuros mejor que las competencias más visibles. Esto tiene implicancias estratégicas para la gestión de los recursos humanos; por ejemplo, en el reclutamiento habría que apuntar más bien a la parte baja del iceberg y en la capacitación a la parte alta.

El concepto de competencias puede emplearse en dos sentidos distintos:

- Referirse a las competencias que posee una persona o un grupo de personas.
- Identificar las competencias requeridas por determinada función o tarea.

Dentro de las competencias requeridas cabe distinguir tres categorías.

1. Las funcionales o técnicas, que consisten en los conocimientos y las habilidades inherentes a la especialidad en un área funcional, si bien su desarrollo o ejer-

cicio puede demandar que la persona cuente con importantes características personales subyacentes. Las áreas funcionales comprenden:

- Las actividades primarias, constituidas por la logística de entrada (incluye el abastecimiento), la producción, la prestación de servicios, la logística de salida y la comercialización (marketing y ventas).

- Las actividades de apoyo, como ser investigación y desarrollo, la administración general (incluye la contabilidad y los impuestos), las finanzas, los recursos humanos, la informática, el aseguramiento de la calidad, los asuntos legales, la auditoría, etc.

M 36 - pág. 109

2. Las competencias gerenciales, que corresponden a las personas que tienen un rol de gerente, con independencia de su área funcional. Al respecto, entendemos por "gerente", en un sentido bien amplio, a quien tiene a su cargo un área de responsabilidad, desde toda la organización tomada en conjunto hasta un pequeño sector o proyecto, y que, para ejercer su responsabilidad, también tiene personas a su cargo; vale decir que es responsable del desempeño de su gente. El concepto abarca al dueño que conduce su negocio, al gerente general de una empresa, a los gerentes funcionales o divisionales, al jefe de un sector, al encargado de un proyecto, etc. Es válido extender este concepto a las personas que reúnen las características siguientes (aunque no tengan gente a su cargo):

- Administran recursos financieros, físicos o intangibles importantes.

- Para cumplir su función, deben ejercer influencia significativa sobre otros miembros de la organización.

M 35 - pág. 104

3. Las competencias genéricas, que en principio son requeridas a todos los miembros de la organización, cualquiera sea su área funcional o nivel jerárquico.

# Competencias
## Capacidad de influencia

A medida que alguien progresa en una organización se hace más y más necesaria su capacidad de influencia interpersonal, entendiéndose por ella la capacidad de lograr que otros apoyen sus planes sin hacer uso de la jerarquía.

Son muchas las personas que recurren al poder formal para que otros hagan lo que ellas desean. Sin embargo, en muchas ocasiones es necesario o conveniente ejercer influencia sobre personas con quienes no se tiene poder formal; o bien, aunque se lo tenga, es preferible recurrir a otro tipo de influencia.

La influencia no es producto de un evento, o sea, solamente de lo que uno haga en el momento de la interacción, sino que es fruto de la capacidad de haber construido una relación en la cual se tiene influencia positiva. Para lograr este vínculo, uno debe crear historias de interacciones positivas, de respeto profesional y personal. De esta manera establece una imagen y genera emociones hacia uno mismo, las cuales, luego, actúan por sí solas.

Además, es necesario considerar quiénes son las personas más relevantes para enfocarse en ellas. Una habilidad clave para la capacidad de influencia es la conciencia organizacional. Dicho de otro modo: la habilidad para comprender las relaciones de poder, lo cual incluye:

- Saber quiénes ocupan formal o informalmente lugares clave (quiénes tienen más peso y menos peso a la hora de influenciar).
- Conocer, si existen, cuáles son las camarillas de poder (quiénes influyen en quiénes).
- Entender cómo son los circuitos de decisión (quién decide qué y cómo).

Profundizando el aspecto más "interaccional" del arte de influenciar positivamente a otros, resulta de utilidad tener en cuenta las siguientes sugerencias:

- Escuche activamente al otro. Cuando quiera vender una idea, procure antes comprender y entender la de quien debe comprarla. Construya sobre ella.

## M 30. Competencias
**Capacidad de influencia**

- Deje que el otro argumente primero. De este modo podrá entender sus posturas e ideas para trabajar a partir de ellas.

- Concéntrese profundamente en el caso. Por lo general, en discusiones grupales suele tener más influencia quien tiene más conocimiento del tema.

- Juegue las reglas del juego propuestas por el otro. Déjese influir. Si usted no está permeable, el otro hará lo mismo. Para influenciar debe dejarse influir primero.

- Espere el momento adecuado para usar uno de sus argumentos fuertes. Una misma idea puede tener mucho o poco impacto según el momento en el cual se presente.

- Transmita sus ideas cuando la gente está receptiva. Si nota que el otro no tiene la receptividad necesaria, no insista, espere a encontrar el momento más adecuado. Insistir suele aumentar la resistencia. Una misma idea puede ser comprada o rechazada en dos momentos diferentes.

- Sea sincero, no tenga inconvenientes en hacer explícita cada tanto su ignorancia sobre algún tema. Esto no le resta credibilidad e influencia; por el contrario, admitir debilidades o ignorancia muchas veces aumenta la imagen positiva y la seriedad percibida en usted.

- Preocúpese por comprender el juicio de los demás y conocer en serio sus posiciones. Haga todas las preguntas que pueda, indague. A veces resulta más sencillo poner primero en tela de juicio la idea del otro para luego introducir la propia.

- Argumente a través de preguntas, suele generar menor resistencia.

- Tenga metas mínimas. Busque que el otro se aleje un poco de su idea inicial. No intente cambios bruscos en la forma de pensar de los demás.

- En ningún momento agreda o descalifique a los demás, eso le quita capacidad de impacto.

- Cuide los vínculos, pero sea firme y hágase respetar en todo momento.

- Tenga en cuenta que no siempre uno influencia por argumentos "lógicos", hay otras formas mediante las cuales la gente se deja influir: apelación a ciertos valores, a la verdad, a la relación, etc.

- En discusiones grupales, vaya obteniendo aliados y que otros vayan apoyando y defendiendo sus argumentos por usted. No intente influenciar a todos al mismo tiempo.

M 23 - pág. 76

# Competencias
## Capacidad estratégica

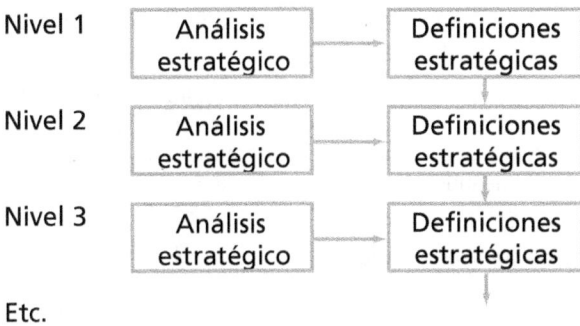

**Concepto de estrategia**

Dada una "unidad organizacional", ya sea una organización tomada en conjunto o una parte de ella (unidad de negocio, área funcional, proyecto especial, etc.), su estrategia consiste en las decisiones de más alto nivel de la unidad. En general, estas decisiones pueden referirse a:

- Su *output*, o sea el producto (bienes tangibles o servicios) que la unidad entrega a sus clientes o usuarios, así como también las demás definiciones inherentes al "output" (en la medida aplicable, dependiendo de la unidad de que se trate): mercado, tipo de clientes y sus necesidades, cómo competir, etc.

- Su *input*, vale decir la obtención y utilización de recursos fundamentales: humanos, financieros, tecnológicos, etc.

- Cambios organizacionales que modifiquen sustancialmente la estructura, los procesos gerenciales u operativos, los sistemas de información, el estilo de liderazgo predominante, etc.

- Los objetivos de máximo nivel en cuanto a los resultados de la unidad: crecimiento, rentabilidad, flujo de fondos, calidad, etc.

Normalmente, una decisión estratégica tiene efectos significativos a mediano o largo plazo debido a la envergadura de la decisión. Sin embargo, ella puede referirse a un problema o desafío de corto plazo. La esencia de lo estratégico es el nivel de la decisión, no el plazo.

**Concepto de planeamiento estratégico**

El planeamiento estratégico es el proceso por el cual la dirección de la unidad elabora o revisa su estrategia. En el caso de que la unidad sea una parte de la organización, este proceso debe ser coherente con las decisiones estratégicas establecidas a nivel superior, para la organización tomada en conjunto. Por ejemplo, en una corporación

## M 31. Competencias
**Capacidad estratégica**

compuesta por varias unidades de negocios, los objetivos de estas tienen que alinearse con los objetivos de la corporación.

El planeamiento estratégico se diferencia del planeamiento operativo, que corresponde a decisiones de menor nivel, generalmente por ser a más corto plazo y porque suelen tener un alcance más puntual. El planeamiento operativo se orienta a la implementación de la estrategia, alineándose con ella.

### Planeamiento estratégico de un sector de la organización

Respecto del planeamiento estratégico, cabe aplicar el modelo de sistemas. Este modelo implica la posibilidad de múltiples enfoques acerca del objeto de análisis. Por ejemplo, cabe encarar la totalidad de una organización como un sistema, en cuyo caso su entorno es el macrosistema. Pero también puede verse a una unidad de negocios como un sistema, y entonces todo el resto (no solo el entorno de la organización, sino también las otras unidades de negocios) pasan a formar parte del macrosistema. Y así sucesivamente, cualquier sector de la organización y de una unidad de negocios es enfocable como un sistema.

El planeamiento estratégico se basa en el análisis estratégico, que comprende dos campos fundamentales:

- El análisis externo, que trata principalmente de las condiciones del macrosistema, que afectan o pueden llegar a afectar el sistema. Este análisis se suele sintetizar en términos de "oportunidades" y "amenazas" del entorno.
- El análisis interno del sistema, que es común desglosar en "fuerzas" y "debilidades".

En idioma español este esquema se suele caracterizar con la sigla FODA (fuerzas, oportunidades, debilidades y amenazas). En el idioma inglés se acostumbra usar la sigla SWOT, representativa de *strengths* (fuerzas), *weaknesses* (debilidades), *opportunities* (oportunidades) y *threats* (amenazas). La idea central es plasmar las definiciones estratégicas a partir del análisis estratégico, de manera de aprovechar al máximo las oportunidades y protegerse contra las amenazas, teniendo en cuenta las propias fuerzas y debilidades. En otras palabras, se trata de diseñar la mejor inserción del sistema dentro del macrosistema.

En general, la expresión "planeamiento estratégico" se emplea usualmente con referencia a toda la organización (corporación, empresa, etc.) o a una unidad de negocios. Pero el proceso de planeamiento estratégico, que parte del análisis estratégico, no es aplicable exclusivamente a una organización o unidad de negocios. Según el modelo de sistemas, cualquier clase de unidad puede hacer planeamiento estratégico, ya sea un sector de la organización, un grupo de trabajo, un individuo, etc.

Lo que ocurre es que para la organización el análisis estratégico es la base fundamental de sus definiciones estratégicas, mientras que para un sector de la organización una porción importante de sus definiciones estratégicas ya le viene dada por decantamiento del planeamiento elaborado a un nivel superior. Sin embargo, esto no impide que el sector haga su propio análisis estratégico. Y que en función de este análisis influya sobre sus definiciones estratégicas; o incluso que influya sobre las definiciones estratégicas del nivel superior. Vale decir que cualquier sector de la organización, para establecer sus objetivos, cuenta con dos fuentes fundamentales de información:

1. Los lineamientos que provienen del nivel superior, así como también de las necesidades de los pares. A esto podemos llamarlo integración horizontal y vertical.
2. El propio análisis estratégico correspondiente al sector; o sea, al sistema en cuestión (incluye el análisis de los resultados logrados en el pasado).

En síntesis, el planeamiento estratégico pretende concentrarse en los fines y en las cuestiones más salientes de los medios, en tanto que "le deja" al planeamiento operativo el resto del trabajo de planeamiento, incluyendo "el detalle" de los medios. Pero si no se aclara de qué sistema se está hablando (o sea, cuál es el objeto del planeamiento) se carece de un marco de referencia; la relatividad mencionada diluye la distinción entre fines y medios, y entonces se esfuma el corte entre lo estratégico y lo operativo.

Lo antedicho significa que, en sentido estricto, la diferencia entre planeamiento estratégico y planeamiento operativo es completamente ambigua si no se la refiere a un sistema determinado. Una misma cuestión bien puede pertenecer al campo del planeamiento operativo de un sistema, pero ser inherente al planeamiento estratégico de un sistema menor, integrante de aquel. Por ejemplo, un programa de reclutamiento de personal (derivado de cierta estrategia clave en materia de recursos humanos) es ubicable dentro del planeamiento operativo de la organización. Pero para el departamento responsable del reclutamiento, ese mismo programa implica un análisis estratégico y definiciones estratégicas.

### Capacidad estratégica

De los párrafos precedentes se deduce que la capacidad estratégica no es una competencia requerida únicamente para la alta dirección; es importante también para los niveles gerenciales siguientes, cada uno con el alcance inherente a su área de responsabilidad respectiva (o sea, su sistema). Además, el desarrollo de la capacidad estratégica en un nivel determinado va preparando gradualmente al responsable para encarar debidamente funciones estratégicas de mayor envergadura correspondientes a los niveles superiores que pueda asumir en el futuro.

Por otra parte, dicho concepto abarcativo implica que el gerente debe emplear su capacidad estratégica no solo para enriquecer su aporte individual, sino también como un atributo de liderazgo, dando participación a sus colaboradores en el proceso de

**M 31. Competencias**
**Capacidad estratégica**

planeamiento estratégico de su área de responsabilidad. A su vez, esta participación habrá de realimentar la capacidad estratégica del sector.

Las organizaciones deben dar a la capacidad estratégica un alcance que sea coherente con lo indicado en los párrafos precedentes, en su modelo de competencias, en los programas de capacitación y desarrollo, y en los encuentros, tanto formales como informales, entre el gerente y sus colaboradores. En este último caso, por ejemplo, mediante reuniones de planeamiento estratégico deliberado.

# Competencias
## Gerenciar gerentes

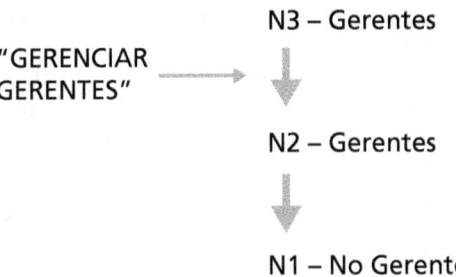

En el módulo COMPETENCIAS GERENCIALES:

- Definimos el concepto de "gerente", caracterizando que tiene gente a su cargo.
- Dentro de las competencias gerenciales, señalamos las correspondientes al rol humano.

Por otra parte, en una organización podemos identificar al menos tres niveles (N) gerenciales (salvo casos de solo dos niveles, generalmente en empresas pequeñas), contando de abajo hacia arriba:

N1 – No gerentes.

N2 – Gerentes a cargo de los N1.

N3 – Gerentes a cargo de los N2.

Por encima de los N3 puede haber otros niveles superiores (N4, N5, etc.). En tal caso, lo que se indica a continuación para los N3 es igualmente aplicable a dichos niveles superiores.

En la estructura señalada, los N3 deben cumplir una función que no tienen los N2: "gerenciar gerentes", que consiste en monitorear cómo los N2 ejercen la conducción de los N1 y contribuir al desarrollo de los N2 en este aspecto (rol humano). Esta función suele ser muy importante, por su influencia sobre la productividad y la motivación de los N1, habida cuenta de las limitaciones que es habitual observar en una proporción mayor o menor de los N2 en cuanto a la conducción de su gente. Sin embargo, en muchas organizaciones el ejercicio de dicha función deja bastante que desear, lo cual repercute negativamente *en cascada*. Todo ello implica la conveniencia de desarrollar la competencia de gerenciar gerentes.

La función de gerenciar gerentes requiere que el N3 incursione en cómo el N2 se comporta con sus colaboradores del N1. Esta incursión tiene su complejidad y dificultades. En general, al N3 le cuesta más percibir dicho comportamiento que el

## M 32. Competencias
### Gerenciar gerentes

producto que le entrega el N2. Y, aunque disponga de cierta información, ella puede provenir de procesos informales que luego es problemático manejar abiertamente. Además, no es extraño que gerentes del N3 sientan mayor interés por el producto "para arriba" del N2, que le repercute directamente y en el corto plazo, que por la relación humana entre el N2 y el N1. En esta relación, los que "la saben" enseguida y los más afectados son los propios miembros del N1.

El gerenciar gerentes demanda actitud proactiva, fuerte dedicación y competencias especiales, lo cual no es tan común encontrar. El sistema de evaluación de desempeño denominado "Feedback 360°" puede ser de gran ayuda en esta tarea.

Otro aspecto importante de gerenciar gerentes es una dimensión adicional en cuanto al trabajo en equipo. El N3 tiene la responsabilidad no solo de desarrollar lo "intragrupal" de su gente del N2, sino que también tiene que cuidar lo "intergrupal" entre los del N1. Habitualmente, existe correlación entre el grado de trabajo en equipo intragrupal de un nivel y el grado en lo intergrupal del nivel siguiente para abajo. Por ejemplo, el conflicto entre dos miembros de N2 acostumbra tener efectos negativos sobre las relaciones entre los respectivos colaboradores de N1.

# Competencias
## Liderazgo

**M 33**

◀◀
Módulo
antecedente
35

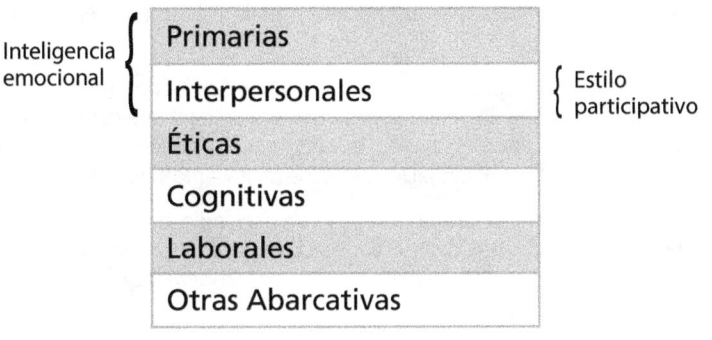

### Concepto de liderazgo y su relación con la gerencia

Liderar es influir sobre personas y grupos para que se encaminen voluntariamente hacia el logro de objetivos comunes. El buen gerente debe ejercer un liderazgo adecuado sobre sus colaboradores y otras personas de la organización. Pero el liderazgo no se circunscribe a los roles de un gerente. Bien puede ser a la inversa: que los colaboradores influyan sobre el jefe. Además, existe el liderazgo entre pares o en cualquier otro tipo de relación dentro de la organización. Y también existe el liderazgo en muchos otros ambientes: en la familia, entre amigos o compañeros, en el deporte, etc.

Por otra parte, hay funciones gerenciales que *per se* no implican liderazgo; por ejemplo, controlar los resultados del sector a cargo sobre la base de un informe escrito.

De los párrafos precedentes surge que entre gerencia y liderazgo existe una suerte de "solapamiento parcial": una parte de la gerencia incluye el liderazgo y una parte del liderazgo comprende el que se ejerce desde la gerencia. A la zona común la denominamos "liderazgo gerencial". De esta manera hacemos hincapié en un concepto abarcativo y bien relevante de la gerencia, en el sentido de hacerse cargo plenamente de su área de responsabilidad, lo cual incluye el liderazgo gerencial (versus un concepto indebidamente reduccionista, postulado por ciertos gurúes del liderazgo, que enfoca la gerencia como algo menor, separado del liderazgo, quitándole a ambos conceptos parte de su alcance y relevancia).

### Atributos del líder

En la actualidad, una fuerte corriente de pensamiento sostiene que la inteligencia emocional es la clave del liderazgo, así como también el principal factor diferencial del éxito en los puestos directivos, más que la capacidad técnica o la inteligencia cognitiva. Este concepto suele ir acompañado por la propuesta de que un buen líder debe tener un estilo participativo, asociado con ciertos atributos inherentes a la

••▶ M 61 - pág. 158

••▶ M 60 - pág. 156

## M 33. Competencias
**Liderazgo**

inteligencia emocional. Sin negar estas afirmaciones, es interesante hacer algunas distinciones al respecto.

Según Goleman –el gurú en la materia–, la inteligencia emocional comprende dos tipos de competencias: las personales y las sociales, que tienen bastante correlato con las competencias primarias e interpersonales, respectivamente, que enunciamos en el módulo COMPETENCIAS GENÉRICAS. De ellas cabe destacar lo siguiente:

1. En general, las competencias primarias *per se* no son indicadoras de un estilo participativo. Algunas de estas competencias constituyen "fuerzas vitales": la disposición a tomar riesgos, la iniciativa, la motivación por el logro, el optimismo, etc.

2. En cambio, algunas de las competencias interpersonales implican un estilo participativo, en mayor o menor grado, pero otras no (por ejemplo, la capacidad de negociación).

A estas dos observaciones corresponde agregar que el liderazgo radica también en otras competencias: las éticas, las cognitivas, las laborales y otras abarcativas (capacidad para tomar decisiones e innovación).

Para analizar el contenido específico de las competencias señaladas en 1 y 2 y en el párrafo precedente, nos remitimos al Anexo del módulo citado.

De lo antedicho surge lo siguiente: por más importancia que se le otorgue al estilo participativo (implicado solo en una parte de las competencias interpersonales señaladas en 2), no puede negarse todo el peso de las demás competencias, lo cual explica la existencia de muchos líderes exitosos que son poco participativos. Aquí se observa una brecha demasiado grande entre numerosos escritos sobre la teoría del liderazgo y la realidad.

Conforme indicamos al principio, el liderazgo consiste en la influencia sobre otras personas para que se encaminen hacia el logro de objetivos comunes. Algunos agregan a la definición que los influenciados deben serlo "voluntariamente", para resaltar o aclarar la condición de que los objetivos sean "comunes". Esto excluye la coerción del concepto de liderazgo y alimenta la propuesta en favor de la participación. Sin perjuicio de ello, la influencia inherente al liderazgo no depende solamente de las acciones comunicativas que el líder ejerza para convencer a sus liderados. Muchos de los atributos indicados en el párrafo precedente de por sí generan influencia porque provocan admiración, respeto, confianza, solidaridad, etc. Cabe aclarar que los valores y creencias que tienen ascendiente sobre los demás varían significativamente en función del contexto; por ejemplo, no es lo mismo en el campo de la política que en el académico, o en el entorno político de un país que en el de otro. Además, los conocimientos y la capacidad intelectual condicionan el potencial del liderazgo; en efecto, por más grande que sea la habilidad de un presunto líder para persuadir, en principio el caudal de su influencia no habrá de superar la calidad de su pensamiento. Por último, las fuerzas vitales tienen la virtud del contagio o la emulación, que en determi-

**Liderazgo**

nadas circunstancias son un factor importante del liderazgo. Sin embargo, a menudo las fuerzas vitales operan de manera tal que crean una zona gris entre el liderazgo propiamente dicho y el ejercicio de otros factores del poder, que también pueden ser causales del éxito. Claro está que la calificación de éxito depende del punto de vista desde el que se lo defina.

En resumen, si bien un estilo participativo favorece el liderazgo, hay otros atributos personales que afectan de manera significativa el liderazgo. Por ello, hay personas que ejercen un liderazgo efectivo, a pesar de que no son especialmente participativas.

# Competencias
## Modelo de cada organización

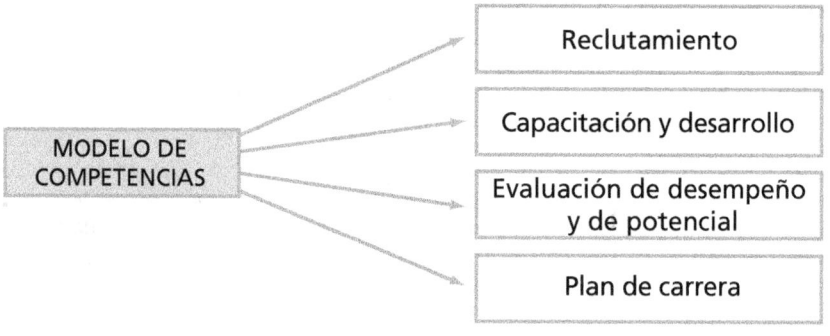

En la práctica, muchas empresas desarrollan su propio modelo de competencias, que identifica y describe las características personales y profesionales requeridas por la organización. En general, el modelo adopta la clasificación indicada en el módulo de COMPETENCIAS: funcionales o técnicas, gerenciales y genéricas. El modelo contiene las competencias que se consideran más relevantes para la organización. El listado de competencias genéricas que figura en el Anexo del módulo COMPETENCIAS GENÉRICAS puede ser utilizado como marco para elegir las competencias a incluir en el modelo.

El modelo de competencias es útil para diversas funciones de recursos humanos: sirve para elaborar el perfil de las personas a incorporar, para diagnosticar necesidades de capacitación y desarrollo, para identificar los atributos a incluir en la evaluación de los miembros de la organización (tanto de desempeño como de potencial) y para diseñar planes de carrera.

Sobre la base de diversos trabajos de investigación, hemos identificado las diez competencias genéricas más elegidas por las empresas. Ellas son:

- Primarias:
  - Compromiso / motivación.
  - Flexibilidad / adaptación al cambio.
  - Iniciativa / proactividad.
- Interpersonales:
  - Comunicación efectiva.
  - Trabajo en equipo.
- Laborales:
  - Orientación al cliente.
  - Orientación a los resultados.

M 34. Competencias
**Modelo de cada organización**

- Abarcativas:
    - Liderazgo. ••▶ M 33 - **pág. 99**
    - Innovación.
    - Capacidad para resolver problemas / tomar decisiones. ••▶ M 84 - **pág. 207**

# Competencias genéricas

- Primarias
- Interpersonales
- Éticas
- Cognitivas
- Laborales
- Abarcativas

Hemos agrupado las competencias genéricas en grandes categorías:

- Primarias.
- Interpersonales.
- Éticas.
- Cognitivas.
- Laborales.
- Abarcativas.

Dichas categorías constituyen *clusters*, o sea, grupos de competencias que tienen cierta proximidad en torno a un concepto central; los límites entre los *clusters* presentan zonas grises o de solapamiento.

Para diseñar la clasificación indicada, tomamos como base la relación entre las competencias analizadas y las características personales presentadas en el módulo respectivo. De esta manera llegamos a que cada una de dichas categorías radica principalmente en cierto campo de características personales, que denominamos "ventanas", conforme se resume en el cuadro siguiente.

| CATEGORÍAS DE COMPETENCIAS | VENTANAS DE CARACTERÍSTICAS PERSONALES |
|---|---|
| Primarias e interpersonales | Inteligencia emocional y personalidad |
| Éticas | Valores y creencias |
| Cognitivas | Capacidad intelectual o inteligencia cognitiva |
| Laborales | Aplicación de las anteriores más vocación y conocimientos |
| Abarcativas | Varias |

Denominamos competencias "primarias" a aquellas que radican fundamentalmente en la personalidad y en la inteligencia emocional, pero excluyendo las competencias interpersonales. Algunas de ellas tienen que ver con la mera capacidad de introspección, como el autoconocimiento; otras se refieren a cómo el individuo se autogestiona de cara al contexto –por ejemplo, el autocontrol (*pull*) o la iniciativa (*push*)–. Dentro de estas competencias incluimos: conocimiento de uno mismo, confianza en sí mismo, capacidad de aprendizaje / autodesarrollo, autocontrol / estabilidad emocional / temple, tolerancia al estrés, disposición a tomar riesgos razonables, equilibrio entre trabajo y vida personal, flexibilidad / adaptación al cambio, independencia / autonomía, iniciativa / proactividad / energía / orientación a la acción, motivación por el logro / ambición / afán de triunfo, optimismo / enfoque positivo, responsabilidad / disciplina, tenacidad / perseverancia y otras virtudes como prudencia, tolerancia, sencillez, etc.

Las competencias interpersonales comprenden: comunicación, desarrollo de los demás / coaching, desarrollo de relaciones / networking, empatía / sensibilidad / armonía, gestión del conflicto, influencia / persuasión / impacto, negociación, sociabilidad y trabajo en equipo. A su vez, la competencia comunicación se puede desglosar en diversos aspectos: comunicación oral / habla, comunicación escrita, presentaciones eficaces, escucha, asertividad y receptividad / apertura mental.

Dentro de las competencias éticas incluimos: honestidad / integridad, justicia / equidad y transparencia / sinceridad. Cabe discutir si lo ético constituye un campo de competencias o es un requisito de otra naturaleza. Las competencias pueden requerirse en mayor o menor grado, según la situación; e incluso ameritan flexibilidad en la demanda de la organización en caso de carencias. En cambio, lo ético puede encararse como condición *sine qua non*, que no admite graduaciones ni concesiones.

Dentro de las competencias cognitivas ubicamos en primer término la capacidad de análisis y la creatividad. Algunos enunciados de competencias incluyen la innovación como sinónimo de creatividad o como parte del conjunto creatividad / innovación. Nosotros pensamos que creatividad pertenece plenamente al campo cognitivo, pero que innovación trasciende dicho campo. Más adelante, cuando tratemos lo que denominamos competencias abarcativas, volveremos sobre la innovación. Existen otras competencias cognitivas que resaltan alternativamente ciertas capacidades inherentes a distintos aspectos del proceso cognitivo: conceptual, de enfoque sistémico, de percepción, de razonamiento, de juicio crítico o criterio, de síntesis, de gestión de la información, etc.

Las competencias laborales entrañan la aplicación de las competencias indicadas precedentemente al ámbito del trabajo en la organización. Dentro de ellas consideramos: adhesión a las normas, administración del trabajo (planeamiento, organización y control), búsqueda de la excelencia / calidad, conocimiento del negocio, conocimiento y aprovechamiento de la organización, motivación / compromiso con la organización, orientación a resultados, orientación / servicio al cliente, productividad / eficiencia / gestión de los recursos y seguridad / gestión del riesgo.

Existen cuatro competencias importantísimas que combinan varios aspectos de las competencias señaladas, por lo cual hemos preferido colocarlas dentro de una categoría adicional que llamamos abarcativas. Ellas son: liderazgo, innovación, resolución de problemas / toma de decisiones (RP/TD) y administración o gestión del tiempo.

Definimos liderazgo como el proceso mediante el cual una persona influye en otras para que se encaminen hacia el logro de objetivos comunes. Pero el liderazgo requiere no solo habilidad para influir (competencia interpersonal), sino también competencias primarias, como la confianza en sí mismo, la estabilidad emocional, la responsabilidad y la ambición (relacionada con la motivación por el poder); otras competencias interpersonales, como la comunicación y el trabajo en equipo; competencias cognitivas; competencias laborales (que generan admiración y, consecuentemente, constituyen un factor de liderazgo); y otras competencias abarcativas, como las capacidades de RP/TD y de innovación.

La innovación implica no solo creatividad (competencia cognitiva), sino también competencias primarias, como disposición a tomar riesgos, flexibilidad / adaptación al cambio, iniciativa / proactividad, optimismo y tenacidad / perseverancia.

La capacidad de RP/TD depende de las siguientes competencias: cognitivas, en primer término; primarias, como la confianza en sí mismo, la disposición a tomar riesgos razonables, la flexibilidad, la orientación a la acción y la autonomía; interpersonales, como el desarrollo de relaciones que facilitan el acceso a la información pertinente; y laborales (por el conocimiento de base que brindan).

La administración o gestión del tiempo comprende: el manejo de las prioridades, la delegación y el equilibrio entre tiempo controlado y tiempo de respuesta que se relacionan especialmente con las competencias primarias; la eficiencia en las relaciones interpersonales, como la buena comunicación y la productividad de las reuniones; la eficiencia en la RP/TD y la gestión de los recursos propios, incluyendo el manejo de la información (competencias laborales).

En el Anexo listamos las competencias indicadas.

## ANEXO

## COMPETENCIAS GENÉRICAS

### Primarias

Autocontrol / estabilidad emocional / temple.

Capacidad de aprendizaje / autodesarrollo.

Confianza en sí mismo.

Conocimiento de uno mismo.

Tolerancia al estrés.

Disposición a tomar riesgos razonables.

Equilibrio entre trabajo y vida personal.

Flexibilidad/adaptación al cambio.

Independencia / autonomía.

Iniciativa / proactividad / energía / orientación a la acción.

Motivación por el logro / ambición / afán de triunfo.

Optimismo / enfoque positivo.

Responsabilidad / disciplina.

Tenacidad / perseverancia.

Otras virtudes como prudencia, tolerancia, sencillez, etc.

### Interpersonales

Comunicación:

*Comunicación oral / hablar.*

*Comunicación escrita.*

*Presentaciones eficaces.*

*Escuchar.*

*Asertividad.*

*Receptividad / apertura mental.*

Desarrollo de relaciones / networking.

Empatía / sensibilidad / armonía.

Gestión del conflicto.

Influencia / persuasión / impacto.

Negociación.

Sociabilidad.

Trabajo en equipo.

**Éticas**

Honestidad / integridad.

Justicia / equidad.

Transparencia / sinceridad.

**Cognitivas**

Capacidad de análisis.

Creatividad.

Otras habilidades (conceptual, de enfoque sistémico, de percepción, de razonamiento, de juicio crítico o criterio, de síntesis, de gestión de la información, etc.).

**Laborales**

Adhesión a las normas.

Administración del trabajo (planeamiento, organización y control).

Búsqueda de la excelencia / calidad.

Conocimiento del negocio.

Conocimiento y aprovechamiento de la organización.

Motivación / compromiso con la organización.

Orientación a resultados.

Orientación / servicio al cliente.

Productividad / eficiencia / gestión de los recursos.

Seguridad / gestión del riesgo.

**Abarcativas**

Liderazgo.

Innovación.

Resolución de problemas / toma de decisiones (RP/TD).

Administración o gestión del tiempo.

# Competencias gerenciales

**M 36**

◄◄
Módulo
antecedente
29

| Profundización de competencias genéricas |
|---|
| Competencias correspondientes a los roles:<br>• De administrador<br>• De arquitecto<br>• Humano |
| Competencias transversales |

Las competencias gerenciales son aquellas que corresponden al rol de gerente, con independencia de su área funcional. Al respecto, entendemos por "gerente", en un sentido bien amplio, a quien tiene a su cargo un área de responsabilidad, desde toda la organización tomada en conjunto hasta un pequeño sector o proyecto, y que, para ejercer su responsabilidad, también tiene personas a su cargo; vale decir que es responsable del desempeño de su gente. El concepto abarca al dueño que conduce su negocio, al gerente general de una empresa, a los gerentes funcionales o divisionales, al jefe de un sector, al encargado de un proyecto, etc. Es válido extender este concepto a las personas que reúnen las siguientes características (aunque no tengan gente a su cargo):

- Administran recursos financieros, físicos o intangibles importantes.
- Para cumplir su función, deben ejercer influencia significativa sobre otros miembros de la organización.

Las competencias gerenciales pueden incluir las competencias indicadas en el módulo COMPETENCIAS GENÉRICAS, pero descriptas en los términos diferenciales que corresponden a la responsabilidad de un gerente. Por ejemplo, liderazgo puede ser una competencia genérica en el sentido de que todo miembro de la organización debería ser capaz de ejercer la influencia pertinente; pero del gerente se pretende un cierto liderazgo gerencial que tiene connotaciones más amplias y más exigentes. Al respecto, ver el módulo COMPETENCIAS-LIDERAZGO. Aún más, las cuatro competencias que denominamos "abarcativas", como una categoría dentro de las competencias genéricas, tienden a adquirir especial relevancia como competencias gerenciales; ellas son no solo el liderazgo, sino también la capacidad de innovación, la aptitud para la toma de decisiones y la gestión adecuada del tiempo.

••▶  M 35 - pág. 104

••▶  M 33 - pág. 99

Adicionalmente, un gerente debe cumplir ciertas funciones gerenciales que implican el requerimiento de las competencias respectivas. Para analizar estas competencias nos basamos en nuestro modelo de los roles de un gerente, que resumimos en el Anexo titulado "Qué hace un gerente". El modelo distingue cuatro roles: uno no ge-

# M 36

## M 36. Competencias gerenciales

rencial, el de operador, y tres gerenciales, los de administrador, arquitecto y humano. En los párrafos siguientes indicamos las principales competencias que identificamos con cada de uno de estos tres roles gerenciales.

Las competencias del rol de administrador incluyen:

- Planeamiento de las operaciones.
- Control de las operaciones (incluye el manejo de los indicadores de desempeño, la gestión de los recursos, etc.).

Las competencias del rol de arquitecto comprenden:

M 31 - pág. 93
- La capacidad estratégica. Al respecto ver el módulo COMPETENCIAS – CAPACIDAD ESTRATÉGICA. Esta competencia, a su vez, puede desglosarse en pensamiento estratégico, planeamiento estratégico e implementación de la estrategia.
- La gestión del cambio, en cuanto al diseño de la estructura y el desarrollo de los sistemas.

La competencia capacidad de innovación que referimos más arriba corresponde fundamentalmente al rol de arquitecto.

Las competencias del rol humano abarcan:

- Ejercer el liderazgo gerencial en cuanto a la estrategia de la organización y del área de responsabilidad a su cargo.
- Ejercer el liderazgo gerencial en torno a la tarea de sus colaboradores: brindar orientación, apoyo, feedback, coaching, etc.

M 32 - pág. 97
- "Gerenciar gerentes": monitorear y apoyar el desempeño de los colaboradores como gerentes de sus propios colaboradores (en la medida en que sea aplicable).
- Ocuparse del lado humano de la gestión del cambio.
- Liderar el clima y la cultura del sector a cargo.
- Desarrollar el trabajo en equipo.
- Ejercer las funciones correspondientes a la gestión de recursos humanos (reclutamiento, capacitación y desarrollo, evaluación del desempeño, etc.).

En el Anexo citado, además de los roles gerenciales, se identifican ciertas funciones "transversales":

M 84 - pág. 207
- La resolución de problemas y toma de decisiones.
- La gestión de la información y la comunicación en todos los sentidos.

- La delegación de funciones y tareas, fundamentalmente en sus colaboradores.
- La de "integrador", que comentamos en el Anexo.

La primera de dichas funciones la tratamos más arriba, en el segundo párrafo de este módulo, cuando nos referimos a que las competencias gerenciales pueden incluir competencias genéricas. Las otras tres funciones implican sendas competencias adicionales que debe tener un gerente.

## ANEXO
## QUÉ HACE UN GERENTE*

### Concepto de gerente

En este texto utilizamos el término "gerente" en un sentido bien amplio: gerente es quien tiene a su cargo un área de responsabilidad, desde toda la organización tomada en conjunto hasta un pequeño sector o proyecto, y que, para ejercer su responsabilidad, también tiene personas a su cargo; vale decir que es responsable del desempeño de su gente. El concepto abarca al dueño que conduce su negocio, al gerente general de una empresa, a los gerentes funcionales o divisionales, al jefe de un sector, al encargado de un proyecto, etc.

Se puede extender dicho concepto a las personas que reúnen las siguientes características, aunque no tengan gente a su cargo:

- Administran recursos financieros, físicos o intangibles importantes.
- Para cumplir su función, deben ejercer influencia significativa sobre otros miembros de la organización.

### Campo de acción del gerente

El gerente actúa en los campos siguientes:

1. Él mismo, lo cual incluye su desarrollo personal y la gestión de su tiempo.
2. El sector de la organización a su cargo, que define su área de responsabilidad (AR).
3. El resto de la organización. (En el caso del número 1 de la organización, este campo está cubierto por el punto 2.)
4. El entorno de la organización.

Pero en esta clasificación cabe hacer dos aclaraciones:

- El campo indicado en 3 comprende la relación con superiores, pares y otros miembros del resto de la organización. Gran parte de esta relación corresponde al ejercicio de su AR, señalada en 2.
- El campo indicado en 4 incluye la relación con proveedores, clientes y otros actores del entorno que están vinculados con la operación y con los demás elementos de su AR, relación que es inherente al ejercicio de esta.

Lo antedicho implica una AR "expandida" que abarca no solo los elementos del sector a su cargo (su operación, su gente, etc.), sino también la correspondiente relación con superiores, pares y otros miembros del resto de la organización, así como también con proveedores, clientes y otros actores vinculados con su sector. A continuación nos referimos a esta AR expandida.

---

* Este texto trascribe gran parte de la sección "Dirección, gerencia y liderazgo" del Modelo de Análisis Organizacional publicado en el Apéndice del libro *El cambio del comportamiento en el trabajo* (Ediciones Granica. 2008). Hay un último texto revisado, enero de 2014.

## Roles de un gerente en la conducción de su área de responsabilidad

Estos roles pueden clasificarse en función del elemento de la organización que constituye el principal objeto de su actividad:

1. Operador – Actúa personalmente en la operación, compuesta por los recursos operativos (tangibles e intangibles), los procesos operativos y los productos (bienes y servicios que se brindan a los clientes).
2. Administrador – Gestiona la operación a través de otras personas, incluyendo especialmente sus colaboradores.
3. Arquitecto – Crea o modifica la arquitectura, compuesta por la estrategia, la estructura y los sistemas.
4. Humano – Se ocupa del desarrollo de los recursos humanos.

El rol de operador en sí no es gerencial; es una actividad que realiza un gerente al igual que las demás personas de la organización. En cambio, los otros tres roles sí son gerenciales.

A continuación hacemos un resumen de cada uno de estos cuatro roles.

### *Rol de operador*

Cuando el gerente actúa como operador, interviene personal y directamente en la operación, realizando actividades en el campo funcional o técnico.

El rol de operador ofrece dos aspectos principales: la especialización acerca de la función en sí y la orientación al cliente (externo o interno), que es la finalidad de toda operación. Este segundo aspecto incluye prestarle atención al cliente actual o potencial y brindar un servicio que responda a sus expectativas.

### *Rol de administrador*

Como administrador, el gerente planifica, dirige, coordina y controla las tareas de las personas a su cargo en la operación. Su campo de acción es la operación, pero la ejecuta a través de personas. Además, su meta es el logro de resultados, lo que incluye la gestión económica y financiera.

En tanto administrador, el gerente se basa en la arquitectura establecida; no crea ni modifica la arquitectura (que asignamos al rol de arquitecto). Por otra parte, excluye la intervención personal y directa en la operación (que asignamos al rol de operador).

### *Rol de arquitecto*

En su carácter de arquitecto, el gerente crea o modifica la arquitectura:

- Elabora la estrategia de la organización o del sector.
- Alinea el resto de la organización o del sector con la estrategia, lo cual implica el rediseño de la estructura y el desarrollo de sistemas.

El gerente realiza su tarea de arquitecto personalmente o a través de la gente que está a su cargo.

*Rol humano*

En este rol el gerente se preocupa y ocupa de las personas en sí, orientándose principalmente a su desarrollo (aprendizaje y motivación).

En gran medida, el rol humano se practica "a caballo" de los otros roles del gerente. Por ejemplo, la supervisión de las tareas de sus colaboradores corresponde al rol de administrador, pero la manera en que lo hace (si brinda coaching, si da el feedback adecuado, si motiva o desmotiva, etc.) pertenece al rol humano.

**Funciones transversales**

En el análisis de los cuatro roles indicados, debemos tener en cuenta ciertas funciones "transversales" que son comunes a todos ellos:

- La resolución de problemas y la toma de decisiones.
- La gestión de la información y la comunicación en todos los sentidos.
- La delegación de funciones y tareas, fundamentalmente en sus colaboradores.
- La función de "integrador", que comentamos a continuación.

Esta función de integrador atañe principalmente a la relación del gerente con sus superiores y pares, y con otros miembros de la organización. Se trata de la integración entre, por un lado, las decisiones del gerente y sus colaboradores y, por otro lado, las decisiones de las demás personas de la organización. En este orden, cabe destacar:

- En el rol de administrador, el alineamiento de los objetivos, las estrategias y los planes de acción del AR del gerente con los objetivos, las estrategias y los planes de acción de las otras AR y de la organización tomada en conjunto. Aquí son aplicables los principios y procedimientos de la administración o gestión por objetivos.
- En el rol de arquitecto, la interfaz entre los elementos de la arquitectura (estrategia, estructura y sistemas) del AR del gerente y los elementos del resto de la arquitectura de la organización. La mayoría de los elementos de un AR menor a toda la organización forma parte de un conjunto mayor y, en consecuencia, su desarrollo requiere la interacción con los respectivos responsables que pertenecen a otros sectores de la organización.
- En el rol humano, la orientación por parte del gerente y de sus colaboradores a los intereses de la organización por encima de los intereses del sector y de sus miembros. Tal orientación comprende diversos aspectos: el trabajo en equipo, no solo intragrupal (dentro del sector), sino también intergrupal (entre sectores), un enfoque de la gestión de los recursos humanos que sea equitativo en comparación con el resto de la organización, etc.

# Competencias y carrera profesional

## M 37

◀◀
Módulo antecedente
39

| | ETAPAS DE LA CARRERA PROFESIONAL | | |
|---|---|---|---|
| | INICIO DE LA CARRERA | POSICIÓN GERENCIAL | ROL DIRECTIVO |
| COMPETENCIAS PREPONDERANTES | • Orientación a la acción<br>• Perseverancia<br>• Creatividad<br>• Capacidad de aprendizaje<br>• Resolución de problemas<br>• Autonomía | • Gestión de conflictos<br>• Motivando a otros<br>• Establecimiento de prioridades<br>• Capacidad de organización<br>• Buena relación con pares y jefe<br>• Autodesarrollo<br>• Presentaciones efectivas<br>• Orientación al cliente | • Manejo de la ambigüedad<br>• Perspectiva<br>• Calidad de las decisiones<br>• Habilidad política<br>• Pensamiento estratégico<br>• Innovación |

La carrera profesional exige, y ofrece a la vez, la posibilidad de ir desarrollando nuevas competencias. Del mismo modo que las competencias necesarias para tener éxito en una tarea u otra varían, las competencias necesarias para ir desarrollando con éxito una carrera también cambian, de acuerdo con el nivel jerárquico que la persona ocupa en su organización. Obviamente, si se tienen todas las competencias muy desarrolladas desde un inicio, mejor. En la práctica, lo que ocurre generalmente es que la persona tiene siempre oportunidad de desarrollar aún más ciertas competencias. Es crucial para el desarrollo personal tener una clara noción de qué competencias hay que desarrollar para tener éxito en cada nivel de la organización.

Lominger Internacional, a través de distintas investigaciones, ha definido qué grado de importancia tiene cada competencia según el nivel jerárquico. Para este módulo hemos seleccionado algunas que nos resultan más relevantes.

Dichas investigaciones han definido que al inicio de la carrera profesional, cuando no se tiene personas ni unidades a cargo, suelen ser más relevantes competencias tales como:

- Orientación a la acción.
- Perseverancia.
- Creatividad.
- Capacidad de aprendizaje.
- Resolución de problemas.
- Autonomía.

M 84 - pág. 207 ◀••

# M 37

## M 37. Competencias y carrera profesional

Al llegar a ocupar una posición gerencial, adquieren preponderancia y se tornan críticas competencias tales como:

- Gestión de conflictos.
- Motivando a otros.
- Establecimiento de prioridades.
- Capacidad de organización.
- Buena relación con pares y jefe.
- Autodesarrollo.
- Presentaciones efectivas.
- Orientación al cliente.

Una vez que la persona ocupa un rol directivo, entre las competencias que debe adquirir, dado que su importancia se torna crítica, se encuentran:

- Manejo de la ambigüedad.
- Perspectiva.
- Calidad de las decisiones.
- Habilidad política.
- Pensamiento estratégico.
- Innovación.

••▶ M 31 - pág. 93

A medida que alguien avanza en su carrera debe ineludiblemente ir manteniendo ciertas competencias e ir desarrollando otras nuevas, no tan requeridas en etapas previas. Ahora bien, el verdadero desafío radica en que para ir adquiriendo nuevas competencias, en muchos casos, la persona debe ir abandonando ciertos comportamientos que hasta aquí la habían llevado al éxito. Abandonar determinados comportamientos implica "atenuar" ciertas competencias. Por ejemplo, para poder desarrollar un gran pensamiento de tipo estratégico un gerente debe delegar en otras personas la orientación a la acción, el meterse en la operación y en el día a día.

# Competencias y talento

M 38

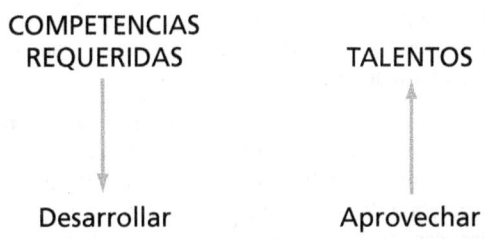

En el módulo COMPETENCIAS decimos que el concepto de competencias puede emplearse con dos sentidos distintos: M 29 - **pág. 89**

- Referirse a las competencias que posee una persona o un grupo de personas.
- Identificar las competencias requeridas por una determinada función o tarea.

La noción de talento es inherente al primer concepto: talento es lo que tiene una persona. A su vez, esta noción puede plantearse con un alcance amplio o restringido.

El *Diccionario de la Real Academia Española* define el talento, en su segunda acepción, como "aptitud / capacidad para el desempeño o ejercicio de una ocupación". Claro está que la generalidad de las personas posee mayor o menor grado de capacidad para alguna ocupación, al menos. Por lo tanto, si para calificar el talento no se exige un alto nivel de capacidad, el alcance de la palabra talento resulta bastante abarcativo. Con este criterio, prácticamente todos los miembros de la organización serían talentosos. Si, en cambio, se exige una capacidad sobresaliente (o descollante o excelente u óptima, etc.), la palabra talento adquiere un alcance restringido. Aplicando este otro criterio, solo ciertos miembros de la organización serían talentosos.

En nuestra opinión, si se pretende otorgar al tema del talento un valor diferencial, es preferible adoptar el alcance restringido. De lo contrario, poco agregaría a lo ya dicho acerca de las competencias o incluso del desarrollo de los recursos humanos.

Hecha tal aclaración, creemos oportuno traer a colación dos obras de Marcus Buckingham, una con Curt Coffman –*Primero, rompa todas las reglas* (Norma, 2000)– y la otra con Donald O. Clifton –*Descubra sus fortalezas* (Norma, 2001)–. En el segundo libro los autores destacan dos premisas:

1. Los talentos de cada persona son permanentes y únicos.
2. El mayor potencial que tiene una persona para crecer está en aquellos campos donde sus fortalezas son mayores.

## M 38. Competencias y talento

Y definen "fortaleza" como un "desempeño consistentemente casi perfecto en una actividad". Aquí está la clave de la cuestión: se pretende lo "casi perfecto". Vale decir, que se aplica el sentido restringido planteado más arriba.

Dichos autores reconocen que las fortalezas resultan no solo del talento, sino también del conocimiento y las destrezas que se pueden desarrollar. Vale decir que es viable mejorar en las actividades inherentes a los talentos, pero no se puede aprender el talento. En contraposición, la mayoría de las organizaciones se construyen alrededor de dos premisas equivocadas respecto de las personas: cada persona puede aprender a ser competente prácticamente en cualquier cosa, y el mayor espacio que tiene una persona para crecer es en aquellos campos donde es más débil. A partir de estas dos premisas, en su gestión de los recursos humanos las organizaciones:

- Exageran la normativa (políticas, procedimientos, etc.), al incluir el requerimiento de competencias.
- Prestan una atención desmedida a las debilidades consecuentes según el sistema establecido, tratando de evitarlas o superarlas, en lugar de concentrarse en el aprovechamiento de las fortalezas.
- Tal atención desmedida perjudica el enfoque del reclutamiento, de la asignación, de la evaluación y del desarrollo de las personas.
- En línea con ello, las organizaciones gastan indebidamente en capacitación.

Tal posición nos lleva a la pregunta siguiente: ¿hasta qué punto debemos hacer hincapié en aprovechar los talentos de las personas disponibles, a expensas de cierta condescendencia respecto de las competencias requeridas por el puesto que no constituyen una fortaleza de la persona? Se trata de una cuestión de énfasis; de ninguna manera representa una opción en términos absolutos.

Nosotros estamos de acuerdo con la idea de aprovechar el talento, de poner énfasis en las fortalezas, de no hacer exagerado hincapié en las debilidades y de reconocer las limitaciones de la capacitación, lo cual implica una concepción flexible de las competencias requeridas. Sin embargo, debemos tener cuidado de no inclinar demasiado el péndulo hacia el otro lado, por las razones siguientes:

- Por un lado, la estructura organizativa debe alinearse con la estrategia y ser coherente con los demás elementos de la organización. Y los puestos de la estructura organizativa (condición inevitable) exigen determinadas competencias. Por otro lado, en la vida real no es fácil disponer de todos los talentos más apropiados para los puestos, ni es conveniente forzar demasiado el diseño de la estructura organizativa para adecuarla a los talentos disponibles.
- La problemática señalada en el párrafo precedente se complica debido a la dinámica de la estructura organizativa. Puede ocurrir que en un momento dado la organización goce de una relación ideal entre competencias requeridas y aprovechamiento de talentos. Sin embargo, puede ocurrir también que cambios

necesarios en la estructura organizativa no se vean acompañados en el corto plazo por el acomodamiento correspondiente de talentos.

- Cuanto más alto sea el nivel de exigencia para caracterizar el talento (capacidad casi perfecta), menos personas calificarán como talentosas. Si, además, la gestión de los recursos humanos invierte más en los talentosos, tiende a ser desmotivadora para el resto de los miembros de la organización. Y entonces es probable que el remedio resulte peor que la enfermedad.

- El riesgo indicado en el párrafo precedente se torna más complejo porque en muchos casos la identificación de talentos debe fundamentarse no solo en la evaluación de desempeño, sino también en la de potencial. Y todos conocemos que esta es más subjetiva y susceptible de error. Aquí la prudencia es fundamental y pone limitaciones al tratamiento diferencial de los supuestos talentosos.

# M 39 Estilo

## Rasgos de la personalidad

En el ámbito de las organizaciones se utilizan diversos modelos que acostumbran denominarse de "estilos personales", con un sentido aproximado al de rasgos de personalidad que tratamos en el módulo PERSONALIDAD – RASGOS. En líneas generales, todo lo que decimos en este módulo es aplicable a dichos modelos. Sin embargo, la gran mayoría de ellos son menos abarcativos que los principales modelos de rasgos de personalidad que se utilizan en psicología, como ser el de los cinco grandes factores o el 16PF, referidos en el módulo citado, porque se concentran en ciertos aspectos de la personalidad, dejando de lado otros también relevantes; por ejemplo, los modelos matriciales que se comentan más adelante.

M 82 - pág. 202
M 78 - pág. 195
M 76 - pág. 190

Cabe aclarar que algunos autores emplean la palabra "estilo" como sinónimo de comportamiento puntual, criterio semántico que no compartimos. Tal es el caso del famoso modelo de liderazgo situacional desarrollado por Paul Hersey y Ken Blanchard.

En sendos módulos separados figura una breve referencia a cada uno de los modelos más empleados en el ámbito de las organizaciones:

M 40 - pág. 122 • DISC.
M 41 - pág. 123 • FIRO B.
M 42 - pág. 124 • Herrmann y Benziger.
M 43 - pág. 126 • Myers-Briggs.
M 44 - pág. 128 • Estilos sociales.

Tres de ellos (DISC, Hermann y estilos sociales) responden a una estructura matricial compuesta por dos ejes o dimensiones que plantean sendas alternativas entre dos perfiles de características distintas, lo cual da lugar a cuatro estilos por combinación de alternativas. Por ejemplo, en el modelo DISC los dos ejes son extravertido o reservado y orientado a la tarea o a las personas; los cuatro estilos resultantes son:

M 39. Estilo

- D – Extravertido y orientado a la tarea.
- I – Extravertido y orientado a las personas.
- S – Reservado y orientado a las personas.
- C – Reservado y orientado a la tarea.

Los estilos se identifican con las letras D, I, S y C porque, en general, sus respectivas características comienzan con la misma letra. Por ejemplo, D: dominante, determinado, decidido, directo, dinámico.

El FIRO B comprende tres dimensiones y el Myers-Briggs, cuatro.

Entre algunos modelos existe cierto paralelismo o solapamiento, a un grado tal que, en principio, es cuestión de optar por uno o por otro; por ejemplo, entre Benziger y Myers-Briggs, que tienen una base común en los tipos psicológicos de Carl Jung. En cambio, otras relaciones entre modelos implican campos más diferenciados, de manera que cabe emplearlos en forma complementaria; por ejemplo, el Myers-Briggs (que es principalmente cognitivo) y el FIRO B (que se refiere a las relaciones interpersonales), si bien existen algunos elementos comunes entre ambos modelos.

Todos estos modelos disponen de instrumentos o cuestionarios en donde los resultados de las respuestas arrojan el estilo de la persona que contesta, según el modelo. El de Myers-Briggs es el más empleado en el ámbito de las organizaciones y, en nuestra opinión, es uno de los más valiosos, si no el más. De acuerdo con el libro *Test psicológicos*, de Edward Hoffman (Paidós, 2002), todos los años se aplica el MBTI (Myers-Briggs Type Indicator) a más de 2,5 millones de hombres y mujeres, con objetivos que van desde la planificación profesional hasta la formación en gestión y liderazgo.

Los estilos personales citados precedentemente enfocan a la persona más bien en términos abarcativos, salvo el de estilos sociales que, fundamentalmente, se refiere a comportamientos de comunicación. Existen muchos otros modelos de estilos que se centran en aspectos más específicos, como ser:

- Los modelos de estilo gerencial o de liderazgo. En esta categoría pueden ubicarse las teorías X o Y de McGregor y la matriz de dualidades (estratégico – operativo y directivo – facilitador) de Kaplan y Kaiser.  ••▶ M 74 - pág. 186
  ••▶ M 89 - pág. 223
- Los modelos de estilos de aprendizaje, como el de Kolb.  ••▶ M 06 - pág. 36
- La inclinación hacia el optimismo o pesimismo ("estilo explicativo").  ••▶ M 06 - pág. 36
  ••▶ M 54 - pág. 146
- La matriz de Cipolla sobre inteligencia y estupidez.  ••▶ M 92 - pág. 229

# Estilo
## DISC

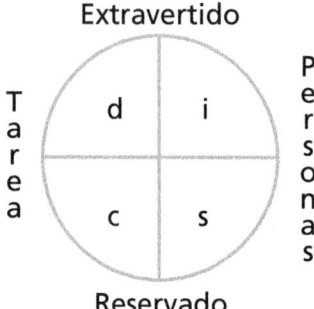

Este modelo consiste en una matriz con dos ejes o dimensiones de personalidad o temperamento que plantean sendas alternativas:

- Extravertido o reservado.
- Orientado hacia la tarea o hacia las personas.

Se considera que, en general, las personas extravertidas son de ritmo rápido, optimistas y positivas, tienden a participar en varios proyectos o actividades, les gusta decirles a los demás lo que deben hacer y tienen confianza en sí mismas. En cambio, las personas reservadas son de ritmo más lento, tienen paciencia y resistencia para realizar su tarea, y son cautelosas y reticentes a participar en demasiadas actividades, entre otras características.

El cruce de ambas dimensiones da lugar a cuatro estilos:
- Tipo D – *Extravertido y orientado hacia la tarea* – Dominante, determinado, decidido, directo, exigente y dinámico.
- Tipo I – *Extravertido y orientado hacia las personas* – Inspirador, influyente, inductor, impresionable, interactivo, interesante e interesado.
- Tipo S – *Reservado y orientado hacia las personas* – Sosegado, servicial, sociable, sustentador, sentimental y sensible.
- Tipo C – *Reservado y orientado hacia la tarea* – Cauteloso, competente, calculador, comprometido, cuidadoso y contemplativo.

El DISC está basado en un modelo original de William Moulton Martson (¡que data de 1928!), con una diferencia respecto de él: el modelo de Martson caracteriza la primera dimensión como "activo" o "pasivo" (en lugar de "extravertido" o "reservado") y la segunda como "no amistoso" o "amistoso" (en lugar de "orientado a la tarea" u "orientado a las personas"). En sustancia, tal diferencia no es mayormente significativa, y los cuatro estilos resultantes son parecidos.

---

Fuente: Rohm, Robert: *Descubra su verdadera personalidad*. Personality Insights, 1998.

# Estilo
## FIRO B

| Conducta | Necesidad social | | |
|---|---|---|---|
| | Inclusión | Control | Afecto |
| Expresada | | | |
| Deseada | | | |

FIRO es la sigla de *Fundamental Interpersonal Relationship Orientation* ("Orientación fundamental en las relaciones interpersonales"). Responde al modelo elaborado por Will Schutz, según el cual las personas, en su relación con los demás, tienes tres necesidades básicas: de inclusión (estar adentro o afuera), de control (mayor o menor) y de afecto (estar cerca o lejos emotivamente). A su vez, para cada una de dichas necesidades distingue dos tipos de conducta: la expresada y la deseada. La primera es la acción que uno ejerce para incluir, controlar o brindar afecto a otras personas. La segunda es el deseo que uno tiene de que otras personas lo incluyan, controlen o brinden afecto. Esto da lugar a una matriz con seis cuadrantes.

El instrumento que mide la intensidad de la necesidad en cada uno de dichos cuadrantes se denomina FIRO B.

Posteriormente, Schutz modificó el modelo con el más complicado FIRO Element B, que reemplaza el concepto de afecto por el de apertura (*openess*).

Fuente: Schutz, Will. *The Human Element.* Jossey Bass, 1994.

# M 42

## Estilo
### Herrmann y Benziger

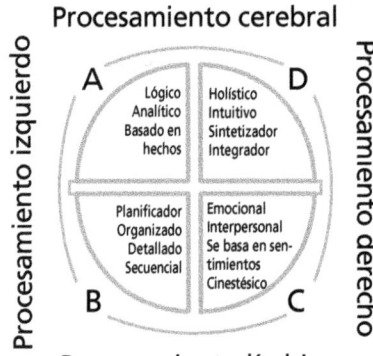

Ned Herrmann, especialista estadounidense en materia de creatividad, desarrolló un modelo de "dominancia cerebral" que analiza el cerebro considerando dos ejes cruzados: uno vertical, que distingue el nivel superior o cerebral del nivel inferior o límbico, y otro horizontal, que distingue el lado izquierdo del derecho. Esto da lugar a cuatro sectores con sus respectivas especialidades.

- A. Modo cerebral / izquierdo (lógico, analítico, cuantitativo, basado en hechos).
- B. Modo límbico / izquierdo (planificador, organizado, detallado, secuencial).
- C. Modo límbico / derecho (emocional, interpersonal, se basa en sentimientos, cinéstesico).
- D. Modo cerebral / derecho (holístico, intuitivo, sintetizador, integrador).

El modelo implica una tipología de estilos, dado que las personas pueden caracterizarse en función del grado en que emplean cada sector del cerebro.

Existe otro modelo bastante similar: el BTSA (*Benziger Thinking Styles Assesment*, "Evaluación de Benziger de los tipos de pensamiento"), desarrollado por Catherine Benziger sobre la base de estudios combinados de psicología y neurología. En materia de psicología, reconoce como fundamento principal las cuatro funciones establecidas por Carl Jung: las dos de percibir (sensación e intuición) y las dos de juzgar (pensamiento y sentimiento).

En cuanto a los fundamentos de neurología, tomó en cuenta la obra de Herrmann: hace la distinción entre el lado izquierdo y el lado derecho del cerebro, pero, en lugar de diferenciar el nivel superior o cerebral del inferior o límbico, lo hace entre la parte frontal (anterior) y la basal (posterior).

**Hermann y Benziger**

Según el BTSA, y de acuerdo con las ideas de Jung al respecto, las personas nacen con una de las cuatro áreas como dominante, dos auxiliares competentes y una débil. Sobre la base de los estudios neurológicos, el desafío es desarrollar las conexiones neuronales necesarias para fortalecer el área débil.

---

Fuentes:
Herrmann, Ned: *The Creative Brain*. Brain Books, 1988.
Folino, Juan Carlos: *La decisión*. Temas, 2002.
Sohn, Anne y Benziger, I. Catherine: *The Art of Using Your Whole Brain*. KBA Publishing, 1995.

# Estilo
## Myers-Briggs

| DIMENSIONES DE PREFERENCIAS | ALTERNATIVA DENTRO DE CADA DIMENSIÓN DE LA PERSONA ||
|---|---|---|
| Orientación de la energía | E<br>Extravertido | I<br>Introvertido |
| Función de percibir | S<br>Sensorial | N<br>Intuitivo |
| Función de juzgar | T<br>Pensador | F<br>Sentimental |
| Función dominante | J<br>Juzgador | P<br>Perceptivo |

### Las cuatro dimensiones de preferencias

El modelo de Myers-Briggs está basado en los tipos psicológicos identificados por Carl Jung. Presenta cuatro dimensiones de preferencias de la persona. En cada dimensión existe una dicotomía con respecto a qué prefiere el individuo. Cada una de las ocho caracterizaciones resultantes se identifica con la primera letra de su nombre en inglés, excepto la de intuitivo, identificada como N porque la I se aplica al introvertido; al pensador corresponde la T de *thinker* y al sentimental la F de *feeler* (el resto tiene las mismas iniciales que en castellano).

Las preferencias nunca son absolutas; son inclinaciones, más o menos intensas. Por ejemplo, toda persona extravertida tiene comportamientos introvertidos y viceversa.

En el Anexo se indican las características principales de cada una de las preferencias.

### Los 16 tipos psicológicos

La preferencia de la persona en cada dimensión es independiente de sus preferencias en las otras dimensiones. Esto da lugar a la existencia de 16 tipos psicológicos:

|   |   | SENSORIAL || INTUITIVO ||   |   |
|---|---|---|---|---|---|---|---|
|   |   | Pensador | Sentimental | Sentimental | Pensador |   |   |
| INTROV. | JUZGADOR | ISTJ | ISFJ | INFJ | INTJ | JUZGADOR | INTROV. |
|   | PERCEPTIVO | ISTP | ISFP | INFP | NTP | PERCEPTIVO |   |
| EXTRAV. |   | ESTP | ESFP | ENFP | ENTP |   | EXTRAV. |
|   | JUZGADOR | ESTJ | ESFJ | ENFJ | ENTJ | JUZGADOR |   |

### El *Myers-Briggs Type Indicator* (MBTI)

Para identificar las preferencias de una persona se emplea el instrumento o cuestionario denominado *Myers-Briggs Type Indicator* (Indicador de tipos según Myers-Briggs), que se expresa con la sigla MBTI.

Los resultados del MBTI no solo indican las preferencias de la persona, sino que también miden la intensidad de cada una de ellas.

---

Fuentes:
Cauvin, Pierre y Cailloux, Geneviève: *Tipos de personalidad*. Mensajero, 2001.
Hirsh, Sandra y Kummerow, Jean: *Tipos de personalidad (Compréndete mejor y consigue dar lo mejor de ti mismo)*, Paidós, 1998. Nota: hay varias impresiones de la misma edición. Algunas reimpresiones tienen un título distinto: *Cómo soy en realidad (y cómo son los demás)*.

## ANEXO
## MODELO DE MYERS-BRIGGS
### CARACTERÍSTICAS PRINCIPALES DE CADA UNA DE LAS PREFERENCIAS

| DIMENSIONES DE PREFERENCIAS | ALTERNATIVA DENTRO DE CADA DIMENSIÓN DE LA PERSONA ||
|---|---|---|
| Orientación de la energía<br><br>*Donde se focaliza la atención y obtiene la energía* | **E**<br>**Extravertido**<br>*Hacia el mundo exterior*<br>• Orientado a la acción<br>• Expresivo<br>• Necesita relaciones<br>• Tiende a dispersar su atención | **I**<br>**Introvertido**<br>*Hacia el mundo interior*<br>• Orientado a la reflexión<br>• Reservado<br>• Necesita privacidad<br>• Tiende a concentrar su atención |
| **Función de percibir**<br><br>*Cómo incorpora información* | **S**<br>**Sensorial**<br>*Por medio de los cinco sentidos*<br>• Interesado en realidades<br>• Orientado al presente<br>• Primero focaliza lo particular y sus características específicas<br>• Inclinado a lo concreto / práctico | **N**<br>**Intuitivo**<br>*Por medio de la imaginación*<br>• Interesado en posibilidades<br>• Orientado al futuro<br>• Primero visualiza el panorama global / busca patrones y relaciones<br>• Inclinado a lo abstracto / teórico |
| **Función de juzgar**<br><br>*Qué tipos de valores predominan en el proceso decisorio* | **T**<br>**Pensador**<br>*Valores impersonales*<br>• Privilegia lo que corresponde objetivamente<br>• Imparcial / justo<br>• Enfatiza la tarea y los resultados<br>• Dispuesto a expresar críticas | **F**<br>**Sentimental**<br>*Valores interpersonales*<br>• Privilegia cómo se siente el otro<br>• Empático / clemente<br>• Enfatiza las personas y sus buenas relaciones<br>• Cuidadoso en expresar críticas |
| **Función dominante**<br><br>*Cuál de las dos funciones indicadas es dominante en la relación con el mundo exterior* | **J**<br>**Juzgador**<br>*Juzgar*<br>• Tiende a anticipar decisiones<br>• Le gusta planificar y organizar<br>• Estructurado<br>• Prefiere estar en control | **P**<br>**Perceptivo**<br>*Percibir*<br>• Tiende a dejar opciones abiertas<br>• Le gusta seguir lo emergente<br>• Flexible<br>• Dispuesto a adaptarse |

# Estilos sociales

Merril y Reid diseñaron este modelo de estilos sociales que presta atención exclusivamente al comportamiento observable de una persona en su relación con los demás. Establecieron una matriz con dos dimensiones fundamentales: asertividad y *responsiveness* –vocablo que no tiene un equivalente preciso en castellano, ya que abarca los sentidos de "correspondencia, simpatía, conformidad, sensibilidad y obediencia"–. La asertividad se asocia con el "decir", de manera que expresa seguridad, confianza, fuerza, etc. La *responsiveness* indica cuánto sentimiento la persona tiende a poner de manifiesto; se considera lo opuesto a control emocional: un alto control emocional implica bajo nivel de *responsiveness* y, viceversa, bajo control emocional significa alto nivel de *responsiveness*.

1) Conductor – Alta asertividad y bajo nivel de *responsiveness* (determinado, agresivo, insistente, severo, profundo, muy realista, decisivo, dominante, eficiente, duro).

2) Expresivo – Alta asertividad y alto nivel de *responsiveness* (atractivo, manipulador, estimulante, excitable, entusiasta, indisciplinado, dramático, contestatario, sociable, promocionador).

3) Afable – Baja asertividad y alto nivel de *responsiveness* (solidario, conformista, respetuoso, reservado, dispuesto, dócil, confiable, dependiente, agradable, carente de aplomo).

4) Analítico – Baja asertividad y bajo nivel de *responsiveness* (trabajador, crítico, persistente, indeciso, serio, poco interesante, alerta, exigente, ordenado, moralista).

---

Fuentes:
Merril, David W. y Reid, Roger H: *Personal Styles and Effective Performance*. Chilton Book Company, 1981.
Bolton, Robert y Grover Bolton, Dorothy: *People Styles at Work*. Amacom, 1996.

# Factores
## Análisis general

M 45

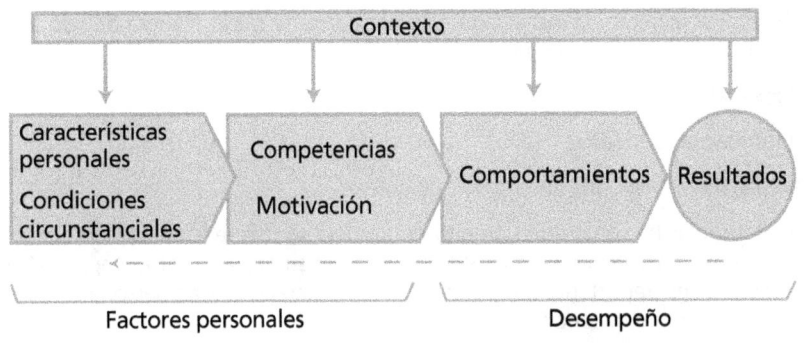

El desempeño individual se compone del comportamiento de la persona y los resultados consecuentes, y depende de dos tipos de factores:

- Los personales, fundamentalmente las competencias del individuo y su motivación específica en cada situación determinada. A su vez, estos dos factores radican en ciertas características personales (estructurales) y en las condiciones circunstanciales que afronta el individuo.

- Los del contexto, que influyen sobre todos los elementos personales indicados precedentemente. Por ejemplo, el entorno familiar afecta la construcción de las características personales; el clima de la organización condiciona el estado de ánimo; la capacitación favorece las competencias; el régimen de recompensas influye sobre la motivación; los recursos operativos enmarcan el comportamiento; el mercado impone limitaciones a los resultados, etc.

Los factores personales indicados se tratan en los módulos respectivos:

- COMPETENCIAS.   ••▶   M 29 - pág. 89
- MOTIVACIÓN.   ••▶   M 65 - pág. 167
- FACTORES – CARACTERÍSTICAS PERSONALES.   ••▶   M 48 - pág. 135

A su vez, dichos módulos remiten a otros que profundizan ciertos elementos o aspectos pertinentes.

En cuanto a las condiciones circunstanciales, ellas comprenden:

- Necesidades, intereses, deseos, etc.
- Estado de ánimo.
- Estado físico: cansancio físico, agotamiento mental, enfermedad transitoria, trastornos temporarios, etc.

## M 45. Factores
**Análisis general**

- Roles. Por ejemplo, la inclinación a comportarse de cierta manera debido a la posición que se ocupa en la organización.
- Expectativas.
- Información disponible.

A lo antedicho corresponde agregar lo siguiente:

- El desarrollo personal en el ámbito del trabajo se refiere esencialmente a las competencias y la motivación. Sin embargo, en su análisis (por ejemplo, en el coaching) es importante tomar en cuenta las características personales y las condiciones circunstanciales.
- El desarrollo personal tiende a favorecer el desempeño. Pero también el desempeño influye sobre el desarrollo personal; por ejemplo, el ejercicio de ciertos comportamientos mejora las competencias, o el logro de resultados activa la motivación.
- Los resultados de la organización dependen de los resultados de sus miembros.

La evaluación del desempeño se basa fundamentalmente en la observación de los comportamientos y en la medición de los resultados. Pero, en principio, el análisis de la situación debe remitirse a las causas, lo que requiere navegar en las competencias y en la motivación y, aún más profundamente, en las características personales y las condiciones circunstanciales; todo ello sin perder de vista la influencia del contexto.

M 24 - **pág. 78**

# Factores
## Agilidad como predictor de potencial

M 46

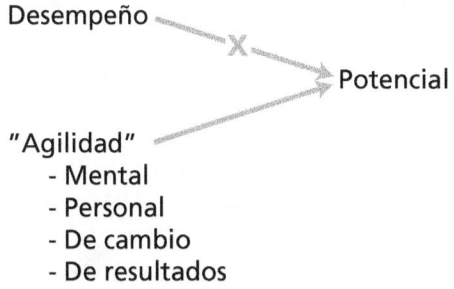

"Agilidad"
- Mental
- Personal
- De cambio
- De resultados

---

En el ámbito organizacional, que una persona tenga alto potencial significa que cuenta con las competencias necesarias para desempeñarse en posiciones jerárquicamente superiores o de mayor poder de decisión que la que ocupa actualmente. Según las encuestas resumidas en el libro *The Conference Board* (2002), solo un tercio de las compañías tiene éxito en identificar a sus altos potenciales, sus futuros líderes. Es interesante preguntarse: ¿dónde radica el verdadero problema?

Desde nuestra perspectiva, la trampa común en la que caen muchas organizaciones radica en pensar que los ejecutivos de alto desempeño cuentan con el potencial para tomar posiciones de mayor responsabilidad. A diferencia de lo que se cree, desempeño y potencial no están del todo asociados; el 71% de los ejecutivos de alto desempeño no tiene alto potencial (*Corporate Leadership Council*, 2005), solo el 29% de los ejecutivos que tienen altos puntajes en sus evaluaciones de desempeño poseen condiciones para desempeñarse con éxito en posiciones de mayor nivel. El buen desempeño, por sí solo, no garantiza potencial.

Las investigaciones de los fundadores de Lominger International (Lombardo y Eichinger) han demostrado que el mejor predictor de éxito en nuevas posiciones es la agilidad que tiene un ejecutivo para aprender de la experiencia; usar la experiencia que deja una situación para enfrentar otra. Quienes poseen mayor capacidad de aprendizaje tienen más probabilidades de tener éxito en nuevas posiciones. Dichas investigaciones han correlacionado la agilidad de aprendizaje con cuatro áreas de competencia. Ellas son:

- La agilidad mental: capacidad para manejar la complejidad y la ambigüedad, al examinar los problemas en detalle y hacer conexiones entre diferentes temas.

- La agilidad personal: ejecutivos que se conocen a sí mismos y saben cómo desarrollar relaciones eficaces con gente diversa.

- La agilidad de cambio: inclinación a experimentar transformaciones, crear lo nuevo y diferente, desafiar el *statu quo.*

## M 46. Factores
**Agilidad como predictor de potencial**

- La agilidad de resultados: ejecutivos que pueden lograr resultados en situaciones adversas gracias a su perseverancia y resiliencia.

Los ejecutivos que logran el éxito al asumir nuevas posiciones poseen dichas competencias, y quienes fracasan por lo general las tienen poco desarrolladas. El éxito de una persona en una posición dependerá de su capacidad de aprender nuevas cosas, de adaptarse a nuevas situaciones, de generar cambios. La incapacidad de aprender e incorporar lo nuevo y de adaptarse a los cambios requeridos lleva al fracaso en las nuevas posiciones.

Muchos ejecutivos terminan descarrilando (*derailment*) sus carreras profesionales porque dependen demasiado de sus habilidades actuales, las que les permitieron ser promovidos, y no desarrollan nuevas habilidades. En cambio, los ejecutivos exitosos se sienten cómodos con situaciones nuevas y desafiantes. Estos ejecutivos están dispuestos a aprender y desarrollarse desde sus experiencias de trabajo.

En un estudio reciente, publicado por Korn/Ferry Institute, titulado "Global Talent Management: Using Learning Agility to Identify High Potentials Around the World", se manifiesta que no se han encontrado, luego de décadas de investigación, diferencias entre la agilidad para aprender de los ejecutivos de diferentes regiones (Sudamérica, América del Norte, Europa y Asia-Pacífico), ni tampoco diferencias significativas –en este aspecto– entre géneros o grupos de edad.

# Factores
## Anclas de carrera según Schein

| |
|---|
| Competencia técnico-funcional |
| Competencia de gerencia general |
| Autonomía/independencia |
| Seguridad/estabilidad |
| Creatividad emprendedora |
| Servicio/dedicación a una causa |
| Desafío puro |
| Estilo de vida |

La vocación es la preferencia de una persona por cierta ocupación, profesión o carrera. Dentro de los distintos aspectos de la vida, tiene que ver con el trabajo o la tarea. En general, en la vocación se combina una motivación favorable con la disposición de las habilidades correspondientes, en donde ambos factores tienden a reforzarse, generando un círculo virtuoso: me gusta hacer aquello en lo cual soy bueno y soy bueno en el desempeño de lo que me gusta.

Existe abundante información acerca de la vocación de las personas. De toda esta información, nos ha parecido conveniente seleccionar el trabajo de Edgar Schein titulado *Career anchors* (Anclas de carrera). Durante varios años, Schein ha venido investigando seriamente el tema, incluyendo el empleo de un cuestionario de orientación de carrera (*Career orientations inventory*), así como también la realización de entrevistas complementarias. Las respuestas al cuestionario y los resultados de las entrevistas indican el *ancla de carrera* de la persona.

En los párrafos siguientes reseñamos los conceptos fundamentales de este autor en materia de anclas de carrera, sobre la base de su trabajo denominado *Career Anchors: Discovering Your Real Values* (Pfeiffer and Company, 1990).

A medida que alguien avanza en su carrera va desarrollando su autoconcepto, que incluye aspectos como los siguientes:

- Sus talentos, habilidades y áreas de competencia.
- Sus motivaciones, necesidades y metas.
- Sus valores.

Las personas aprenden a ser mejores en las cosas que más valoran y que están motivadas a hacer y, a su vez, aprenden a valorar y a estar motivadas por aquellas cosas que saben hacer mejor.

Cuando van acumulando experiencia laboral, tienen la oportunidad de ir tomando ciertas decisiones; de esas decisiones se comienza a entrever lo que cada uno conside-

## M 47. Factores
**Anclas de carrera según Schein**

ra realmente más importante, y el sujeto comienza a tener un sentido de lo que "es" y de lo que "no es".

El ancla de carrera es el elemento dentro del autoconcepto de cada persona que esta nunca abandonaría, aunque deba enfrentar decisiones difíciles. Cada uno trata de satisfacer un amplio rango de necesidades en torno a la carrera elegida. Pero no todas esas necesidades poseen el mismo nivel de importancia. Si no se puede llegar a satisfacerlas todas, es importante saber cuál tiene la más alta prioridad.

Si bien la definición de ancla de carrera permite solo un ancla por persona, hay varias situaciones en las carreras que permiten satisfacer varias motivaciones, talentos y valores.

En el caso de que no exista un ancla que se identifique claramente, esto puede ser porque la persona no tiene la suficiente experiencia como para desarrollar prioridades que guíen sus elecciones.

Existe una cierta estabilidad en la evolución de las anclas de carrera a lo largo de la vida. Mientras una persona va aclarando su autoimagen –o sea, a medida que es más consciente de en qué es buena, qué quiere y qué valora– tiende a sostenerse en esa imagen en el tiempo.

Schein distingue ocho tipos de anclas de carrera:

- Competencia técnico-funcional.
- Competencia de gerencia general.
- Autonomía / independencia.
- Seguridad / estabilidad.
- Creatividad emprendedora.
- Servicio / dedicación a una causa.
- Desafío puro.
- Estilo de vida.

Las anclas de carrera pueden agruparse en dos grandes categorías:

- Aquellas donde las cosas que más se valoran y más motivan radican en el tipo de tarea a realizar: competencia técnico-funcional, competencia de gerente general, creatividad emprendedora y servicio / dedicación a una causa. Estas dos últimas, si bien reconocen valores y motivaciones más trascendentes, solo pueden plasmarse en un determinado tipo de tarea.
- Aquellas que privilegian valores y motivos no inherentes a un tipo de tarea en particular; prefieren un trabajo que sea compatible con sus necesidades personales, sin importarles tanto la tarea en sí: autonomía / independencia, seguridad / estabilidad, desafío puro y estilo de vida.

# Factores
## Características personales

Módulo antecedente
45

En el módulo FACTORES – ANÁLISIS GENERAL indicamos que las características personales constituyen un factor fundamental del desempeño individual.   ••▶  M 45 - pág. 129

Las características personales pueden agruparse en las siguientes categorías:

- Conocimiento y habilidades específicas.   ••▶  M 50 - pág. 139
- Valores y creencias.   ••▶  M 55 - pág. 148
- Vocación.   ••▶  M 47 - pág. 133
- Condiciones físicas.   ••▶  M 49 - pág. 137
- Personalidad.   ••▶  M 75 - pág. 188
- Inteligencia.   ••▶  M 60 - pág. 156

Aquí es oportuno aclarar qué entendemos por "habilidades" (*skills* en inglés). Dentro de una concepción amplia de la palabra, corresponde hacer una distinción entre las generales y las específicas. Tomemos un ejemplo simple: tener reflejos rápidos es una aptitud general que favorece la práctica de los deportes y otras actividades, como manejar un automóvil. En cambio, jugar bien un deporte determinado es una habilidad específica que se nutre, entre otros factores, de aptitudes generales, como los reflejos rápidos. Las aptitudes generales están dadas por la capacidad física y mental de la persona, que radica en las tres últimas categorías indicadas: condiciones físicas, personalidad e inteligencia.

Enfocamos dichas categorías más bien como "ventanas", cada una de las cuales nos puede llevar fácilmente a otras categorías; vale decir que los límites entre una categoría y otra son en general difusos, con ciertas zonas superpuestas. No se trata de elementos ubicables en *boxes* con claras líneas demarcatorias. Creemos que esta observación no le quita valor a la clasificación.

Alineamos las características personales en tres niveles:

## M 48. Factores
**Características personales**

1. Un nivel más básico, más fundacional, que comprende características (condiciones físicas, personalidad e inteligencia) que en parte provienen de factores genéticos y en parte se construyen en una etapa bien temprana de la vida, sin perjuicio de que se continúen modelando y puedan modificarse en instancias posteriores.

2. Un nivel intermedio (valores y creencias, y vocación), que depende de las características indicadas en el nivel 1, configurado también en una etapa temprana de la vida y que influye significativamente sobre el tercer nivel.

3. Un tercer nivel (conocimientos y habilidades específicas) que tiende a desarrollarse a lo largo de toda la vida, sobre la base de los niveles 1 y 2.

En general, las características personales de los niveles 1 y 2 son más difíciles de cambiar que las del nivel 3.

Para profundizar este tema, recomendamos el libro *El cambio del comportamiento en el trabajo,* de Santiago Lazzati (Ediciones Granica, 2008), Capítulo 2.

# Factores
## Condiciones físicas

**M 49**

Módulo antecedente
**48**

Las condiciones físicas comprenden:

- Las destrezas físicas, que son especialmente importantes para cierto tipo de actividades, como el deporte o el baile.

- La capacidad física para encarar las situaciones o desarrollar las acciones que se presentan en el trabajo y demás circunstancias de la vida.

En general, una buena capacidad física favorece las posibilidades de que la persona afronte positivamente responsabilidades y ocupaciones que entrañan una carga intensa, desafiante y desgastante. La capacidad física depende, entre otros factores, de la salud del organismo, o sea de la existencia de enfermedades y su gravedad. Pero esto no significa que el desempeño exitoso, cualquiera sea la forma en que se lo evalúe, dependa necesariamente del grado de salud física, porque aquí juega la fortaleza de la persona para afrontar los problemas de salud. Y esto nos remite a otras características personales, especialmente a la personalidad y la inteligencia emocional, que tratamos en los módulos respectivos.

M 75 - pág. **188**
M 61 - pág. **158**

El gran periodista Nelson Castro, en su interesante libro *Enfermos de poder* (Javier Vergara, 2005), nos muestra cómo muchos presidentes argentinos y también grandes líderes de otros países (Lenin, Stalin, Mao Tse-Tung, Churchill, Hitler, Mussolini, Franco, Roosevelt, Eisenhower, Kennedy y Juan Pablo II) hicieron lo que hicieron a pesar de sus enfermedades; si bien en el prólogo reconoce que "las enfermedades afectan las conductas de las personas y que esas conductas son las que determinan los hechos producidos por los seres humanos".

Aquí vale la pena aludir a la obra *Líderes* de Warren Bennis y Burt Nanus (Norma, 1985), basada en una investigación acerca de noventa líderes exitosos de los Estados Unidos: CEOs, políticos, dirigentes obreros, directores de orquesta, productores cinematográficos, rectores universitarios y entrenadores de deportes, entre otros. El libro desarrolla las cuatro claves del liderazgo eficaz que surgieron del estudio. Pero, aparte de estas claves comunes, los autores destacaron lo siguiente:

## M 49. Factores
**Condiciones físicas**

- "Todos [los líderes investigados] tienen muy poco en común."

- "En otros aspectos parecía no haber patrones evidentes para explicar su éxito. Los había en los que predominaba el hemisferio derecho o el izquierdo; los había altos o bajitos; gordos o flacos; con facilidad de palabra o sin ella; afirmativos o tímidos; trajeados para el éxito o para el fracaso; unos participativos, otros autocráticos. Había más variantes que temas. Incluso sus estilos gerenciales eran inquietantemente diferentes. (Uno nos confió que, por naturaleza, creía en el 'fascismo participativo'). Para quienes nos interesamos por las pautas, por los temas subyacentes, este grupo resultó ser frustrantemente irreducible a pautas."

Sin embargo, como excepción a tal diversidad, Bennis y Nanus, advirtieron que

"(...) el folklore y las observaciones reflexivas no son suficientes, excepto para convencernos de que los líderes son *físicamente fuertes*, y trabajadores anormalmente tenaces".

Un aspecto importante vinculado con la capacidad física que estamos tratando es la disposición para afrontar el estrés, tema que tratamos en el módulo respectivo.

# Factores
## Conocimientos y habilidades específicas

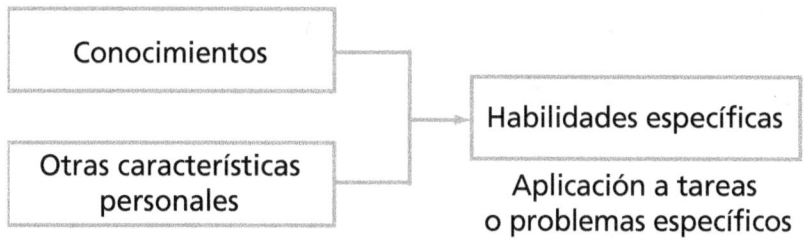

El conocimiento comprende la información y la comprensión que la persona posee acerca de los contenidos temáticos de un área.

Las habilidades específicas representan la aplicación del conocimiento y de las demás características personales (condiciones físicas, personalidad, inteligencia, valores y creencias y vocación) a tareas o problemas específicos.

En el terreno de las organizaciones, tanto el conocimiento como las habilidades específicas pueden clasificarse en dos grandes campos:

- El técnico o funcional (finanzas, abastecimiento, producción, comercialización, contabilidad, informática, etc.).
- El del management y las relaciones interpersonales.

El conocimiento y las habilidades específicas están influidos en gran medida por las demás características personales. Por ejemplo, si tomamos la práctica de una profesión como la aplicación de un conjunto de conocimientos y habilidades específicos, cabe observar que tal práctica:

- Puede requerir determinadas condiciones físicas (según sea la profesión, cierta destreza, capacidad para soportar la presión y el estrés, etc.).     M 49 - pág. 137
- Tiende a comprender una mayoría de profesionales que responden a determinados rasgos de personalidad.     M 39 - pág. 120
- Suele estar más asociada con un tipo de capacidad intelectual (por ejemplo, la contabilidad con la inteligencia analítica, y la publicidad con la creatividad).     M 63 - pág. 164
- Demanda mayor o menor grado de inteligencia emocional en función del tipo e intensidad de relaciones interpersonales correspondientes.     M 61 - pág. 158
- Habrá de ser más o menos compatible o incompatible con los valores y creencias de quien ejerce la profesión.     M 55 - pág. 148

Por último, y obviamente, dicha práctica se favorece si quien la desarrolla tiene vocación para ella. A su vez, la vocación depende de las otras características personales.

# Factores
## Gestión del estrés

La palabra estrés es bastante moderna y hasta hace poco tiempo no pertenecía al campo de la salud, sino al de la física, en donde se hacía uso del término para expresar una sobrecarga de fuerzas de un campo hacia otro. En el terreno de la salud se denomina estrés a la reacción emocional y física de un organismo que percibe que los recursos con los cuales cuenta para afrontar una situación determinada del contexto son insuficientes. Como consecuencia, el organismo se sobreexige.

El estrés puede ser positivo o negativo. Poner en marcha las turbinas a toda fuerza, en determinadas situaciones, resulta necesario y positivo. Pero la necesidad de actuar a dicho ritmo de manera constante, sin oscilaciones, ya sea porque el entorno lo demanda o porque el sujeto cree que lo demanda, puede desencadenar un estrés negativo.

La vulnerabilidad de las personas al estrés está en función de agentes estresantes tanto internos como externos. Algunas de las causas del contexto que pueden generar estrés negativo son:

- Situaciones de incertidumbre (cambios) que generan la sensación de posible indefensión.
- Pérdidas, enfermedades propias o de terceros, etc.
- Situaciones difíciles a enfrentar.
- Convivir con personas altamente demandantes e inconformistas (jefe, pareja, clientes, etc.).

Uno de los factores internos es el umbral del estrés, el nivel de agentes de estrés (frecuencia y magnitud) que la persona puede tolerar antes de que ocurran sensaciones negativas que afecten adversamente el desempeño. Algunas personas tienen un umbral bajo, lo que significa que el estrés por cambios o alteraciones relativamente pequeños en sus rutinas de trabajo provoca en ellas una reducción en el desempeño. Otras tienen un umbral alto, lo que les permite mantenerse relajadas, tranquilas y productivas durante más tiempo en las mismas condiciones.

**Gestión del estrés**

La vulnerabilidad al estrés suele relacionarse también con las características personales del individuo. Keith Davis y John W. Newstrom, en su libro *Comportamiento humano en el trabajo* (McGraw-Hill, 2000, 10ª edición) examinan la relación entre el estrés y el desempeño laboral. Al respecto dicen que las personas pueden clasificarse en tipo A y tipo B. Las personas tipo A son asertivas y competitivas, se fijan normas elevadas, son impacientes y prosperan bajo constantes presiones de tiempo. Exigen mucho de sí mismas, incluso en actividades recreativas y de tiempo libre. Es común que no se den cuenta de que muchas de las presiones que experimentan proceden de ellas mismas y no son producto de su entorno. Debido al constante estrés que experimentan, algunas personas tipo A son más propensas a padecimientos físicos relacionados con la tensión, como paros cardíacos.

Las personas tipo B parecen más relajadas y despreocupadas. Aceptan las situaciones y el trabajo tal como se les presentan, en lugar de enfrentarlos competitivamente. Las personas tipo B se muestran especialmente tranquilas frente a las presiones de tiempo, de modo que son menos propensas a padecer problemas asociados con el estrés. Aún así, los individuos tipo B pueden ser trabajadores sumamente productivos y capaces de cumplir las expectativas de tiempo; sencillamente obtienen resultados de diferente manera.

Otros factores que contribuyen al mantenimiento del estrés (no lo generan de por sí) son algunos hábitos de consumo de:

- Alcohol.
- Nicotina.
- Cafeína.
- Algunas medicaciones.
- Alimentos poco saludables.

Del mismo modo, los entornos que ofrecen alto nivel de estímulos a procesar (ruidos, gente, información, etc.) pueden contribuir al mantenimiento de un grado alto de estrés.

Las manifestaciones del organismo al estrés negativo, por lo general, incluyen:

- Fatiga.
- Irritabilidad.
- Cefaleas.
- Trastornos del sueño.
- Trastornos digestivos.
- Sudor en las palmas de las manos.

**M 51**

M 51. Factores
**Gestión del estrés**

- Palpitaciones.
- Tensión muscular.
- Falta o aumento de apetito.

El tipo de solución dependerá de la o las causas predominantes en cada caso. Sin embargo, algunas herramientas para reducir el estrés son:

- Técnicas de relajación. Algunos de los métodos más frecuentes son: yoga, control de la respiración, meditación, biofeedback y visualización.

M 91 - pág. 227

- Terapia. Ha demostrado ser de gran utilidad la **terapia de tipo cognitiva**, la cual trabaja en aquellas cogniciones relacionadas al desencadenamiento del estrés; autoconfianza, exigencia de logro, capacidades percibidas, modo de percibir el entorno, etc.

M 17 - pág. 60

- Técnicas de administración efectiva del tiempo.
- Descarga física, vía cualquier tipo de actividad que lo permita.
- Desarrollo de la asertividad con el objetivo de poner límites a las demandas, profundizar vínculos y descargar las tensiones emocionales producidas.

La incidencia del estrés viene en aumento en función de que culturalmente se exige a las personas hacer cada vez más cosas, tener mayores logros en menos tiempo, con menos recursos, con hábitos no muy saludables y vínculos de apoyo más superficiales.

# Factores
## Interacciones positivas y negativas

M 52

**INTERACCIONES**

    **Positivas**

        % ━━━▶ ¡Éxito!

    **Negativas**

        Hasta cierto límite

---

En este módulo nos basamos particularmente en la obra de Barbara Fredrikson, autora del libro *Vida positiva* (Norma, 2009) y varios artículos sobre el tema.

Dentro de los actos comunicacionales, se distinguen las interacciones positivas de las negativas, en función de los pensamientos y emociones o sentimientos que transmiten. Las primeras expresan algo positivo; las segundas algo negativo. Los pensamientos comprenden afirmaciones fácticas, opiniones acerca de qué pudo haber ocurrido o puede ocurrir, y juicios de valor. Asimismo, las emociones o sentimientos pueden ser positivos (alegría, gratitud, serenidad, interés, esperanza, orgullo, diversión, inspiración, fascinación, amor, etc.) o negativos (ira, disgusto, tristeza, miedo, culpa, vergüenza, envidia, etc.). La distinción en sí es independiente de si lo manifestado es razonable o verdadero. La idea es que la expresión positiva tiende a generar en el interlocutor pensamientos y emociones o sentimientos positivos; y viceversa. De esta manera, las interacciones influyen sobre el clima de las relaciones interpersonales. En ese orden, Fredrikson propone que el camino del éxito en las relaciones interpersonales (por ejemplo, el trabajo en equipo) es que la cantidad de interacciones positivas supere claramente la de las negativas. Pero no demasiado, porque entonces habría un problema de falta de autocrítica.

John Gottman, experto en la materia y en terapia de pareja, autor del libro *Siete reglas para vivir en pareja* (De Bolsillo, Sudamericana, 2006), sostiene que en la dinámica de una pareja existe cierta correlación entre el predominio de interacciones positivas sobre negativas y el éxito de la pareja. Gottman ha observado la interacción de miles de parejas y, basado en dicho concepto, predice su futuro; ¡y viene acertando en más de un 90% de los casos!

La proposición de dichos autores está respaldada por importantes trabajos de investigación, tanto de Fredrikson como de Gottman, y goza de reconocimiento en el ambiente científico. El tema está bien tratado en el Capítulo 17 del libro *Ecuaciones emocionales* de Chip Conley (Ediciones B, 2012), que introduce la siguiente ecuación:

$$\text{Prosperidad*} = \frac{\text{Frecuencia de lo positivo}}{\text{Frecuencia de lo negativo}}$$

---
\* Si la prosperidad es igual a 3 o más.

## M 53

# Factores
## Marco mental de la persona

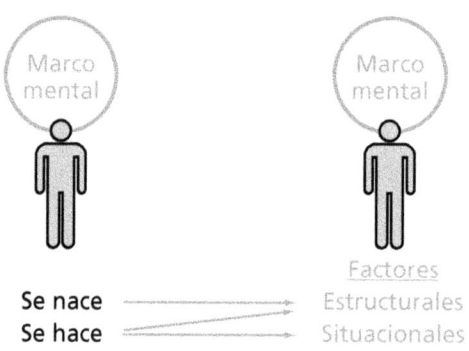

Se nace
Se hace
Factores
Estructurales
Situacionales

Toda persona que interviene en cualquier proceso de comunicación lo hace desde su marco mental, que está condicionado por sus características personales (estructurales) y por las condiciones circunstanciales que afronta.

M 48 - pág. 135
M 45 - pág. 129

Las **características personales** y las **condiciones circunstanciales**, que configuran el contenido del marco mental, se originan en tres tipos de factores que interactúan mucho entre sí:

- Los factores genéticos.

- La historia personal, donde juega un rol preponderante el aprendizaje proveniente de la educación y de la experiencia. En este orden, muchos autores destacan la importancia de las etapas más tempranas de la vida.

- La influencia del contexto, desde el entorno más cercano, como la familia, hasta el más abarcativo. Aquí es relevante la cultura, que incluye el lenguaje, el cual no solo transmite lo que pensamos, sino que *condiciona* nuestro pensamiento; por ejemplo, la disponibilidad de palabras sofisticadas para caracterizar determinados fenómenos favorece la profundización de su análisis.

Lo antedicho significa que el marco mental suele tener cierto grado de rigidez, lo cual tiende a ser una restricción, o al menos un desafío, en el proceso de comunicación.

Los marcos mentales de las personas que participan en un proceso de comunicación ejercen una influencia poderosa sobre el significado que cada una de ellas le confiere a los mensajes. Supongamos un comentario corto y claro, de muy pocas palabras bien conocidas por ambas partes; pareciera que habrá de generar coincidencia entre los significados otorgados por el emisor y el receptor; sin embargo, los respectivos marcos mentales pueden provocar que lo que uno quiso decir sea muy distinto de lo que el otro interpretó. Por ejemplo, el jefe le comunica a su colaborador la asignación de una tarea desafiante; el jefe supone que se trata de una oportunidad muy favorable para el colaborador; en cambio, este piensa que la asignación lo perjudica.

M 53. Factores
**Marco mental de la persona**

En el caso del receptor del mensaje cabe destacar que su marco mental afecta:

- La percepción de la información, porque el marco mental actúa como un selector en cuanto a qué se le presta atención y en qué medida.
- La interpretación que hace de la información percibida.
- El resto del proceso que conduce a darle significado al mensaje (razonamientos, juicios de valor, etc.).

Para profundizar este tema recomendamos los libros siguientes:

- *La quinta disciplina* de Peter M. Senge (Ediciones Granica, 1992), Capítulo 10.
- *Metamanagement* de Fredy Kofman (Ediciones Granica, 2001), Capítulo 5.

# Factores
## Optimismo y pesimismo

| | PAUTAS EXPLICATIVAS |
|---|---|
| *Eventos favorables y desfavorables* | Permanencia |
| | Amplitud |
| | Personalización |

El *Diccionario de la Real Academia Española* contiene las siguientes definiciones de estos términos (de ambos, la primera acepción):

- *Optimismo* – "Propensión a juzgar las cosas en su aspecto más favorable".
- *Pesimismo* – "Propensión a juzgar las cosas en su aspecto más desfavorable".

En este módulo nos basamos en la obra *Aprenda optimismo,* de Martín E.P. Seligman (De Bolsillo, 2004).

Seligman sostiene que los optimistas y los pesimistas, frente a eventos por una parte favorables y por otra parte desfavorables, adoptan distintas pautas explicativas acerca de ellos, en cuanto a las dimensiones siguientes:

- Permanencia – Si la situación es permanente o transitoria.
- Amplitud – Si el efecto del evento es total o parcial.
- Personalización – Cuál es la relación entre el evento y el sujeto.

La permanencia se refiere al tiempo; la amplitud, al alcance. Frente a un evento desfavorable, el pesimista tiende a pensar que es para siempre (permanencia) y que es totalmente abarcativo o universal (amplitud). Por el contrario, el optimista tiende a pensar que es transitorio o circunstancial y que solo lo afecta en aspectos específicos (al mismo tiempo, puede ver otros efectos positivos).

En materia de personalización, corresponde hacer una distinción entre el pasado y el futuro. Con referencia al pasado, el pesimista tiende a dar una explicación interna, a sentirse culpable, lo cual suele indicar una autoestima baja. Por el contrario, el optimista tiende a dar una explicación externa, a echarle la culpa a factores ajenos a él, no perdiendo la autoestima. En cambio, de cara al futuro, el pesimista tiende a sentirse indefenso, mientras que el optimista tiende a sentirse más protagonista, a confiar en que puede hacer algo para cambiar la situación.

**M 54. Factores**
Optimismo y pesimismo

En síntesis, frente a eventos desfavorables el pesimista tiende a pensar: *es para siempre, todo está mal y no puedo hacer nada*. Generalmente es preferible no discutirle aquello específico que ve negativo (bien puede estar acertado). Es mejor cuestionarle sus pautas explicativas: *¿es para siempre?, ¿todo está mal?* y *¿qué podés hacer al respecto?*

Con relación a los eventos favorables, tanto el optimista como el pesimista proceden de manera inversa a la indicada precedentemente: el optimista piensa que es permanente, que es universal y que se lo merece; y el pesimista piensa lo contrario.

Cabe destacar que Seligman, merced a sus trabajos de investigación, reconoce que el optimista se puede equivocar más en los diagnósticos que el pesimista; ya que tiene el peligro de no considerar los riesgos y no tomar los recaudos necesarios. Sin embargo, sostiene que el optimista dispone de mayor probabilidad de éxito en la vida que el pesimista, porque se siente protagonista, persevera más, contagia a los demás, etc. Además, Seligman señala que el optimista goza de mejor predisposición para la salud que el pesimista: en general, el primero tiende a enfermarse menos, a recuperarse más rápido de enfermedades comunes y a vivir más tiempo. Los pesimistas se deprimen con más frecuencia y más profundamente que los optimistas.

# Factores
## Valores y creencias

| |
|---|
| Lógica (lo verdadero) |
| Ética (lo bueno) |
| Estética (lo bello) |
| Presunciones básicas |
| Cuestiones sociales |
| Conceptos empresariales |

El *Diccionario de la Real Academia Española* ofrece varias acepciones de la palabra "valor". En lo concerniente a nuestro propósito, hemos elegido las siguientes:

*Tercera* acepción – "Alcance de la significación o importancia de una cosa, acción, palabra o frase".

*Décima* acepción (filosofía) – "Cualidad que poseen algunas realidades, consideradas bienes, por lo cual son estimables. Los valores tienen polaridad en cuanto son positivos o negativos, y jerarquía en cuanto son superiores o inferiores".

Estas dos acepciones se corresponden con el concepto que suele otorgarse a la palabra "valores" como característica de una persona: son aquellas dimensiones (amistad, trabajo, bienes materiales, religión, salud, etc.) a las cuales el individuo otorga una importancia considerable y que, por ende, son ejes orientadores de su conducta. Según el grado de importancia que cada uno le otorga, conforman una escala. En este orden, el *Diccionario de Psicología de* Fredich Dorsch (Herder, 1994) define "valor" de la siguiente manera:

"Propiedad atribuida al objeto; resulta únicamente de la relación con el sujeto que la atribuye y que es vivenciada por este como evaluación. No es una propiedad objetiva. (…) Se distinguen formalmente diversas clases de valores: positivo, negativo, relativo, absoluto, determinado, indeterminado, subjetivamente determinado. Por el contenido, se clasifican en lógicos, éticos y estéticos (lo verdadero, lo bueno y lo bello)."

Los valores de una persona están asociados con sus motivos, que son un elemento de la personalidad; por ejemplo, si una persona valora mucho ocupar la máxima posición en la organización, es probable que tenga una fuerte motivación por el poder. Además, el autoconcepto, que configura otro elemento de la personalidad, de por sí constituye una idea de valor acerca de sí mismo.

Como característica personal distinta del conocimiento, aquí empleamos la palabra "creencias" en el sentido que le otorga el mencionado diccionario de Dorsch:

**Valores y creencias**

> "En general, convicción subjetiva, sin una fundación objetiva y sin pretensión de darla."

Las creencias son supuestos acerca de la realidad: qué existe, qué ocurre o puede llegar a ocurrir, y cuáles son sus causas y consecuencias. Los valores entrañan evaluaciones subjetivas que suelen derivar en pautas de conducta. En otras palabras: las creencias apuntan más al objeto en sí, mientras que los valores hablan más de las preferencias del sujeto. Sin embargo, ambos elementos tienden a fundirse. Por ejemplo, si una persona cree que sus congéneres se acercan más a lo malo que a lo bueno, es probable que tal supuesto justifique un comportamiento personal autoritario, no cooperativo o agresivo.

Entre los valores y las creencias puede generarse un círculo virtuoso (efecto Pigmalion) o vicioso. Por ejemplo, si mi comportamiento es no cooperativo, porque parto del supuesto del egoísmo de los demás, bien puedo estar provocando en ellos reacciones que confirmen mi creencia acerca de su egoísmo.

En nuestra opinión, los valores y creencias incluyen lo siguiente:

- Presunciones básicas acerca de la naturaleza de elementos fundamentales de la vida humana: la realidad, la verdad, el tiempo, el espacio, el género humano, la actividad humana, etc.

- Cuestiones sociales, como la importancia relativa de los factores del poder, la influencia que se otorga a las jerarquías, autoritarismo vs. participación, individualismo vs. cooperación, cómo debe manejarse el conflicto, la disposición a expresar emociones, etc.

- Conceptos empresariales inherentes a la rentabilidad, el crecimiento, la atención al cliente, la calidad, la productividad, la innovación, etc.

# Feedback

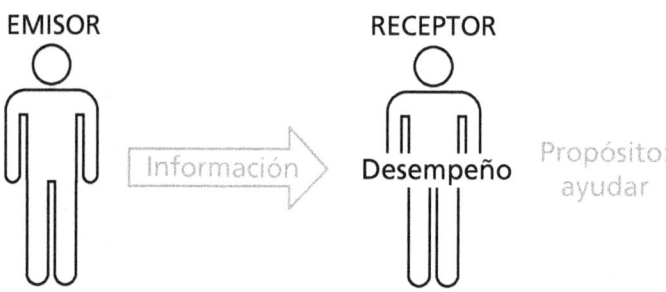

El feedback es información que un emisor brinda a un receptor acerca del desempeño de este con el propósito de ayudarlo. El desempeño comprende el comportamiento del receptor y sus resultados. El emisor puede considerar el desempeño del receptor como favorable o como mejorable. Si es lo primero, corresponde feedback de refuerzo, que consiste en alentar al receptor a continuar con tal desempeño; por ejemplo, el elogio. Si se trata de lo segundo, tiene lugar la crítica constructiva orientada a que el receptor mejore su desempeño.

En el feedback es esencial el propósito de ayudar al otro. La información que se da para desahogar la incomodidad o el enojo que el desempeño del receptor provoca en el emisor, en sustancia, no constituye feedback. Para que exista ayuda se requiere que el receptor entienda claramente la información que recibe, la acepte y sea capaz de hacer algo positivo con ella.

El feedback requiere, tanto de parte del emisor como del receptor, las siguientes actitudes fundamentales: confianza mutua, respeto mutuo, cordialidad y transparencia (la antítesis de barreras defensivas).

En una organización, la persona que tiene gente a cargo (gerente, jefe, supervisor, etc.) debe dar feedback a sus colaboradores, como parte de sus funciones fundamentales. Pero el feedback cabe en muchas otras relaciones dentro de la organización: entre pares, del colaborador a su superior jerárquico, etc. Asimismo, eso sucede en otros ámbitos: en la familia, entre amigos, en la escuela, etc.

En las organizaciones, el feedback puede o debe darse en múltiples oportunidades; es más un proceso que un evento. En este sentido, es distinto de la evaluación formal que se acostumbra realizar en momentos predeterminados (generalmente, una o dos veces al año), de acuerdo con políticas y procedimientos establecidos. El feedback es aplicable toda vez que ocurra un desempeño que lo merezca. Por ejemplo, en una relación entre un gerente y sus colaboradores pueden generarse muchas oportunidades de feedback con miras a la capacitación y motivación de estos. La evaluación formal debería ser un resumen del feedback brindado durante el período objeto de su evaluación. La omisión del feedback correspondiente en el momento indicado debilita luego la evaluación formal, generando omisiones, explicaciones tardías, reacciones de sorpresa, frustración, etc.

El feedback puede ser implícito o explícito. El implícito ocurre por medio de gestos, tonos de voz, miradas, silencios y otras expresiones no verbales. El explícito tiene la ventaja de permitir información clara, evitando suposiciones o adivinanzas.

El feedback bien dado suele ser de gran ayuda para el receptor. Es común que él no tenga una idea cabal de su desempeño, y entonces el feedback cumple una función primordial en el proceso del autoconvencimiento necesario para encarar el autodesarrollo. En términos de la Ventana de Johari, el feedback aumenta la ventana "abierta", reduciendo la "ciega".

··▶ M 59 - pág. 155

El feedback ofrece múltiples beneficios: no solo contribuye a la mejora del desempeño y el desarrollo del receptor, sino que también auxilia en la solución de problemas, favorece la motivación del receptor, mejora o mantiene la relación entre emisor y receptor, y reduce la tensión del emisor.

En los dos módulos siguientes desarrollamos cómo dar feedback y cómo recibirlo.

··▶ M 57 - pág. 152
··▶ M 58 - pág. 154

# Feedback
## Cómo darlo

 EMISOR

- Ayudar
- Evitar mecanismos defensivos
- Limitarse al comportamiento específico

RECEPTOR

El feedback debe contener la información necesaria para cumplir con su objetivo esencial, que es ayudar:

- Debe comprender tanto afirmaciones (lo fáctico), como opiniones o juicios de valor. Esto es inevitable, considerando que el feedback parte de la distinción entre desempeño favorable o mejorable. Sin embargo, es conveniente distinguir las afirmaciones de las opiniones; no expresar opiniones como si fuesen una afirmación susceptible de verdadero o falso. Además, en lo posible, corresponde fundar las opiniones en los criterios pertinentes, evitando juicios personales que carezcan de marco de referencia. Por último, hay que moverse dentro de los límites que señalamos más adelante en cuanto a qué incluir y qué no dentro del feedback.

- Debe tomar en cuenta no solo el desempeño del receptor, sino también la situación en que se desenvuelve y su efecto sobre el emisor, los demás y la tarea.

- En la crítica constructiva cabe incluir recomendaciones orientadas a mejorar el desempeño del receptor.

- Es importante indagar por el punto de vista del receptor a fin de enriquecer positivamente el marco del feedback.

Bajo ciertas condiciones, es válido y positivo que el emisor le exprese al receptor las emociones o sentimientos personales que considera relacionados con el desempeño de este. Esto puede hacerse sin emitir juicio de valor sobre el desempeño en sí; simplemente ponerlo al tanto de cómo se siente el emisor, lo cual puede ser información útil o incluso ignorada por el receptor. Tal proceder tiene sus límites: no es adecuado ejercerlo con demasiada frecuencia y requiere de un interlocutor que no utilice la información para aprovecharse de la vulnerabilidad del emisor.

Si bien el feedback debe contener la información indispensable para poder ayudar, en la crítica constructiva es preferible omitir cualquier agregado innecesario que incremente los mecanismos defensivos del receptor:

## M 57. Feedback
### Cómo darlo

- Limitarse al comportamiento específico observado. No referirse a la persona en sí, especialmente en la crítica constructiva; no hacer extrapolaciones acerca de la personalidad del receptor. Proteger su identidad; un buen ejemplo: "una persona como vos no debería hacer esto". Evitar abstracciones o generalizaciones que trascienden el comportamiento específico; por ejemplo, "este argumento no me parece lógico", en lugar de "sos ilógico".

- No utilizar palabras "cargadas" que tienden a producir reacciones emocionales defensivas. Prescindir de adjetivos peyorativos que agregan poco o nada a la opinión central.

- Abstenerse de manifestar supuestos acerca de las intenciones o los motivos no explícitos del comportamiento del receptor; por ejemplo: "no cumpliste con lo prometido porque no te interesa". Aunque el supuesto sea certero, siempre es susceptible de cuestionamiento; pone al otro a la defensiva, tiende a generar una conversación improductiva, etc.

Si el receptor reacciona defensivamente frente a cierta crítica constructiva, por lo común es prudente que el emisor no insista en el momento, buscando una oportunidad más propicia para ayudar.

Habitualmente, es mejor dar feedback cuanto antes, salvo que haya razones especiales para esperar el momento oportuno.

Como norma general, la crítica constructiva debe darse en privado. El refuerzo puede darse en público, pero a veces hay que tener cuidado acerca del efecto sobre los demás. En algunos casos, las reacciones de terceros pueden ser perjudiciales, incluso para el destinatario del refuerzo. Esto depende en parte del ambiente o la cultura de los afectados.

Como pauta general, más allá de los casos puntuales, corresponde ser generoso con el refuerzo y bien selectivo con la crítica constructiva. Lamentablemente, muchas personas actúan al revés: son reticentes con el refuerzo y abusan de la crítica. Aquí debe tenerse en cuenta lo indicado en el módulo **FACTORES – INTERACCIONES POSITIVAS Y NEGATIVAS**, en el sentido de que es provechoso que las interacciones positivas predominen sobre las negativas.

M 52 - pág. 143

# Feedback
## Cómo recibirlo

EMISOR

Apertura
Pedidos / Preguntas
Escucha
Revelación
Clarificación
Verificación

RECEPTOR

---

El feedback es un instrumento poderoso para la mejora del desempeño y el desarrollo de las personas, especialmente en los aspectos conductuales. El cambio del comportamiento no es fácil: requiere conocimiento adecuado acerca de la conducta deseable, un diagnóstico acertado sobre la conducta actual y sus consecuencias, y la voluntad de encarar el cambio. El feedback puede ayudar positivamente respecto de los tres requisitos, pero es particularmente valioso con relación al diagnóstico, porque suele ocurrir que la persona no tiene claras las implicancias de su propia conducta.

La eficacia del feedback depende del emisor: qué da, por qué lo da y cómo lo brinda. Pero depende también de la actitud del receptor. En este orden cabe establecer ciertas pautas:

- Partir de la base de que la información puede ser útil.
- Pedir feedback. Tener en cuenta que mucha gente no está mayormente dispuesta a darlo. Formular preguntas abiertas (pueden ser específicas) para favorecer la contribución del emisor.
- Escuchar activamente. Tomar la información como un medio para el autoconocimiento y el autodesarrollo. No ponerse defensivo. Evitar rebatir la información o justificar el comportamiento, salvo que se trate de un diálogo que enriquezca el feedback. Además, las reacciones indebidas atentan contra la inclinación del emisor para volver a dar feedback en el futuro.
- Emplear la revelación. Conforme a la Ventana de Johari, la revelación incrementa la ventana "abierta" a expensas de la "privada". Esto favorece las condiciones psicológicas del feedback. Existe un círculo virtuoso entre ambos fenómenos: revelación y feedback.
- Clarificar la información recibida. Pedir especificaciones o ejemplos.
- Verificar el entendimiento con el emisor. En ciertos casos, pedir feedback a otras personas.

# Feedback
## Ventana de Johari

|  |  | Mi conocimiento acerca de mí | |
|---|---|---|---|
|  |  | Yo sé | Yo no sé |
| Conocimiento del otro acerca de mí | Él sabe | 1 | 2 |
|  | Él no sabe | 3 | 4 |

La Ventana de Johari, denominada así en honor a sus dos autores, Joseph Luft y Harry Ingham, plantea lo siguiente. En cuanto al conocimiento existente acerca de una persona dada, cabe distinguir su autoconocimiento del que puede tener otra persona relacionada. Si identificamos convencionalmente a los "conocedores" como "yo" y "el otro", cabe plantear el campo de posibilidades que se representa en el gráfico precedente. Este gráfico constituye una matriz que comprende cuatro cuadrantes, áreas o ventanas:

1. La "abierta", correspondiente a lo que ambos sabemos acerca de mí (mis pensamientos, sentimientos y acciones).
2. La "ciega", correspondiente a lo que él sabe pero yo no sé acerca de mí.
3. La "privada" u "oculta", correspondiente a lo que yo sé pero él no sabe acerca de mí.
4. La "desconocida", correspondiente a lo que ninguno de los dos sabe acerca de mí.

El incremento de la ventana abierta favorece la comunicación, refuerza la relación interpersonal y desarrolla el autoconocimiento que ayuda al cambio personal positivo. Para ello hay dos medios propicios:

- El feedback que el otro puede brindarle a uno, que aumenta la ventana abierta a expensas de la ciega.
- La revelación que uno puede hacer al otro, que aumenta la ventana abierta a expensas de la privada.

Entre el feedback y la revelación existe una influencia recíproca. La apertura que implica la revelación predispone al interlocutor a brindar feedback; y viceversa, el feedback abre puertas a la revelación. A su vez, el ejercicio de estos procesos con respecto al conocimiento acerca de una persona, invita a duplicarlo con relación a la otra persona, invirtiendo los roles. Vale decir que puede darse un círculo virtuoso entre ambos procesos y entre las dos personas.

# Inteligencia

**M 60**

Módulo antecedente **48**

| |
|---|
| COGNITIVA |
| EMOCIONAL |
| OTROS ASPECTOS |

El *Diccionario de la Real Academia Española* define la inteligencia –en sus dos primeras acepciones– como:

- *Capacidad de entender o comprender.*
- *Capacidad de resolver problemas.*

André Compte-Sponville, en su *Diccionario filosófico* (Paidós, 2003) establece que la inteligencia "es la capacidad, mayor o menor, para resolver un problema, o, dicho de otro modo, para comprender lo complejo o lo nuevo".

El *Diccionario de psicología* de Friedrich Dorsch (Herder, 1994, 7ª edición) nos dice que "se han dado de este término muy diversas definiciones, pero en la mayoría de ellas se señala como característica esencial de la inteligencia la capacidad de orientarse en situaciones nuevas a base de su comprensión, o de resolver tareas con ayuda del pensamiento, no siendo la experiencia lo decisivo, sino más bien la comprensión de lo planteado y de sus relaciones".

Dentro de la inteligencia, cabe distinguir:

- La inteligencia cognitiva o capacidad intelectual, que puede medirse por medio del cociente de inteligencia (CI). Este cociente se determina a través de una serie variada de problemas que exigen realizar distintas actividades mentales. El puntaje resultante del test mide el nivel con el que las personas utilizan las aptitudes que se supone exigen los problemas.

M 61 - pág. 158
M 62 - pág. 161

- La inteligencia emocional, que tratamos en dos módulos: uno sobre la inteligencia emocional en general y otro sobre el aporte de Daniel Goleman al respecto.

M 63 - pág. 164

El módulo INTELIGENCIA EXITOSA SEGÚN STERNBERG se refiere principalmente a la capacidad intelectual, diferenciando la analítica de la creativa, pero en la concepción de su aplicación práctica contiene elementos de la inteligencia emocional.

En el módulo INTELIGENCIAS MÚLTIPLES SEGÚN GARDNER tratamos el enfoque de este autor, que va más lejos: nos habla de siete tipos de inteligencia, algunos que tienen que ver con la capacidad intelectual, otros con la inteligencia emocional y otros con aspectos adicionales de la inteligencia.   ••▶   M 64 - pág. 167

# Inteligencia emocional

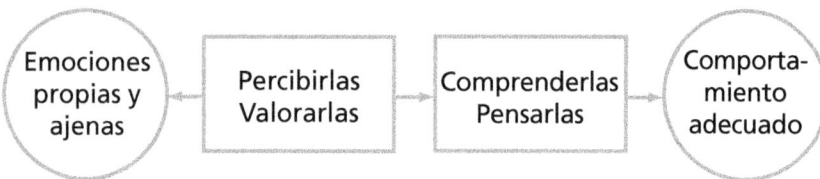

La inteligencia emocional (IE) radica en que, ante las emociones propias y ajenas, la persona pueda:

- percibirlas y valorarlas,
- comprenderlas y emplearlas para enriquecer su pensamiento, y
- adecuar consecuentemente su comportamiento.

La IE se refiere tanto a las emociones como a los sentimientos. Y si bien a veces estas dos palabras se emplean como sinónimos, no siempre son equivalentes. El *Diccionario de la Real Academia Española* las define de la siguiente manera:

- *Emoción* – "Alteración del ánimo intensa y pasajera, agradable o penosa, que va acompañada de cierta conmoción somática" (primera acepción).
- *Sentimiento* – "Estado afectivo del ánimo producido por causas que lo impresionan vivamente" (segunda acepción).

Sin embargo, el concepto de IE comprende indistintamente las emociones y los sentimientos. Vale decir que, en sentido lato, se trata de "inteligencia emocional/sentimental".

La IE es un tipo de inteligencia, como lo es la capacidad intelectual, también denominada inteligencia cognitiva. Ambos tipos tienen en común la función de percibir y procesar información, y de adecuar consecuentemente el comportamiento. La diferencia radica en la clase de información a la que se vinculan: la primera se refiere a las emociones, la segunda a números, palabras, conceptos, etc.

La IE es algo distinto de la personalidad o de los valores. La IE incluye elementos que parecen comunes a los de la personalidad. El cuadro siguiente ilustra sobre esta relación:

| Componentes de la personalidad | Competencias de la inteligencia emocional según Goleman |
|---|---|
| Motivos | Autogestión – Logro |
| Rasgos (seis grandes factores): | |
| Neuroticismo (vs. estabilidad emocional) | Autogestión – Autocontrol emocional |
| Extraversión | Autogestión – Iniciativa y optimismo<br>Gestión de las relaciones (en general) |
| Abierto a la experiencia | Autogestión – Adaptabilidad |
| Afabilidad | Conciencia social – Empatía<br>Gestión de las relaciones (en general) |
| Conciencia | Autogestión – Responsabilidad |
| Autoconcepto | Conciencia de uno mismo |

Una explicación de la diferencia entre personalidad e inteligencia emocional podría sustentarse en lo siguiente:

- La personalidad comprende las características personales más estructurales.

- La inteligencia emocional se refiere a cómo, dadas dichas características estructurales, es factible manejarlas más o menos inteligentemente. Por ejemplo, una persona puede tener cierto grado de neuroticismo (rasgo de personalidad), pero su autoconocimiento y autocontrol (inteligencia emocional) le permiten neutralizar sus aspectos negativos, al menos en parte.

Con respecto a los valores, alguien puede ser muy hábil para percibir las emociones de los demás (IE), pero dispone de una opción: emplear su habilidad para perjudicar a otro en provecho propio o para ayudarlo a superar un problema; o sea, para bien o para mal (cuestión de valores). Por ejemplo, un estafador suele tener una IE desarrollada, en cuanto a su capacidad para captar las emociones de las posibles víctimas de sus estafas.

Daniel Goleman, el gurú de la IE, ha realizado un gran aporte a la difusión del tema. No obstante, su listado de competencias de IE incluye algunos ítems que no responden plenamente a la definición indicada al principio, porque se mezclan con aspectos de la personalidad o de los valores; por ejemplo, orientación al logro (personalidad) o transparencia, sinceridad e integridad (valores). De todos modos, su enunciado de competencias es valioso: dada una competencia requerida que sea válida como tal, en su aplicación práctica no hace mayor diferencia que pertenezca a la IE, a la personalidad o a los valores.

M 62 - pág. 161

La IE requiere considerar debidamente las emociones y pensar de manera inteligente acerca de ellas; en síntesis, lograr una buena combinación de emociones y pensamientos. En este orden, existen dos prototipos de conducta, ambos en general inconvenientes:

- El "descontrol emocional", cuando la persona se deja llevar por impulsos emocionales, sin pensar lo suficiente en las consecuencias de su comportamiento. Por ejemplo, una agresión verbal inoportuna que provoca una reacción en el agredido que resulta contraproducente, incluso para el propio agresor.
- El "racionalismo estrecho", que no percibe las emociones en juego o que no las considera, porque supone que contaminan el pensamiento "puro". De esta manera se excluye del proceso información útil para tomar decisiones y actuar en consecuencia. Por ejemplo, cuando se insiste en un argumento lógico, a fin de superar resistencias del interlocutor, pasando por alto las emociones de este, que son justificables, o al menos explicables, desde el punto de vista psicológico. La racionalidad bien entendida requiere no solo razonar debidamente (lógica), sino también tomar en cuenta información disponible y enriquecedora.

El considerar debidamente las emociones ajenas no necesariamente implica darle el gusto al otro. Bien puede ocurrir que debido al razonamiento correspondiente se decida adoptar una posición "dura", que no responde a los deseos del interlocutor. Pero una cosa es pensar inteligentemente acerca de las emociones y otra cosa es ignorarlas.

# Inteligencia emocional según Goleman

M 62

◀◀
Módulo
antecedente
61

|  | COMPETENCIA | |
|---|---|---|
|  | Personal | Social |
| Conciencia | Conciencia de uno mismo | Conciencia social |
| Gestión | Autogestión | Gestión de las relaciones |

Daniel Goleman ha publicado siete libros sobre la inteligencia emocional:

1. *La inteligencia emocional* (Javier Vergara, 1996).
2. *La inteligencia emocional en la empresa* (Javier Vergara, 1999).
3. *El líder resonante crea más* (Plaza y Janés, 2002).
4. *Inteligencia emocional en el trabajo* (Kairós, 2005, en coautoría con Cary Cherniss).
5. *El cerebro y la inteligencia emocional: nuevos descubrimientos* (Ediciones B, 2012).
6. *Liderazgo. El poder de la inteligencia emocional* (Ediciones B, 2013).
7. *Focus* (Kairos, 2013).

La idea central de sus aportes es que la inteligencia emocional es más importante que el coeficiente intelectual como factor de éxito de las personas en las organizaciones. Su libro *La inteligencia emocional en la empresa* agrupa las aptitudes que componen la inteligencia emocional bajo los títulos siguientes.

- Aptitud personal (estas aptitudes determinan el dominio de uno mismo):
  - Autoconocimiento: conocer los propios estados internos, preferencias, recursos e intuiciones.
  - Autorregulación: manejar los propios estados internos, impulsos y recursos.
  - Motivación: tendencias emocionales que guían o facilitan la obtención de las metas.  ▶▶ M 65 - pág. 167
- Aptitud social (estas aptitudes determinan el manejo de las relaciones):
  - Empatía: captación de sentimientos, necesidades e intereses ajenos.

# M 62. Inteligencia emocional según Goleman

- Habilidades sociales: habilidad para inducir en los otros las respuestas deseables.

En el libro *El líder resonante crea más* Goleman agrupa la "autorregulación" y la "motivación" bajo el concepto de "autogestión", y hace algunos cambios de nombres que no modifican la sustancia. El gráfico presentado al inicio refleja este nuevo esquema.

El libro de Goleman *Liderazgo. El poder de la inteligencia emocional* constituye un buen resumen del tema y de su relación con el feedback, el liderazgo, el trabajo en equipo, la psicología positiva y el estrés.

M 56 - pág. 150
M 33 - pág. 99
M 52 - pág. 143
M 54 - pág. 146
M 51 - pág. 140

La aptitud personal (dominio de sí mismo) y la social (manejo de las relaciones) que indica Goleman son concordes, respectivamente, con la inteligencia intrapersonal y la interpersonal que señala Gardner, habida cuenta del párrafo siguiente extraído de la obra de Gardner (*Inteligencias múltiples*, Paidós, 1995):

> "La clave estriba en si se puede hablar de capacidad en el ámbito moral independientemente de los usos concretos a los que se pueda destinar esta capacidad. El reciente ejemplo de la "inteligencia emocional" es instructivo. En su libro *La inteligencia emocional*, Daniel Goleman describe una serie de capacidades que tienen que ver con el conocimiento y el control de las emociones y con la sensibilidad hacia los estados emocionales de uno mismo y/o de los demás. Esta caracterización encaja sin problemas con mi noción de las inteligencias interpersonal e intrapersonal. Pero cuando Goleman habla de la inteligencia emocional como si comportara un conjunto de conductas 'recomendadas' —empatía, consideración, actuar en pro de la familia o de la comunidad— se sale del ámbito de la inteligencia, en un sentido estrictamente académico, y se adentra en la esfera de los valores y de la política social."

M 64 - pág. 165
M 61 - pág. 158

Del párrafo transcripto se desprende que Gardner hace hincapié en diferenciar la inteligencia emocional de los valores, aspecto que comentamos en el módulo INTELIGENCIA EMOCIONAL.

Algunos autores niegan que el concepto de inteligencia emocional tenga el valor agregado que Goleman le otorga. Roberto Colom, en su libro *En los límites de la inteligencia* (Pirámide, 2002), en una sección titulada "El Goleman *affair*" sostiene que "*de los escasos estudios serios que se han llevado a cabo sobre la inteligencia emocional, se han sacado algunas conclusiones generales que pueden resultar reveladoras para quienes están interesados en el Goleman* affair:

"1. Una persona racionalmente inteligente también tiende a serlo emocionalmente. Siempre se pueden encontrar casos particulares de personas muy inteligentes, racionalmente hablando, pero ineptas en el proceloso mundo de las emociones. Sin embargo, la investigación indica que eso no suele ocurrir. Goleman es hábil presentando y describiendo estos casos particulares, pero manipula a sus lectores. Un axioma de la ciencia es que de los casos particulares no se pueden extraer evidencias científicas generalizables, es decir, que afecten a la mayor parte de las personas. Goleman le da la espalda a este principio básico de la ciencia.

"2. La mayor parte de los medios disponibles no permiten medir de un modo fiable la supuesta inteligencia emocional de una persona. Si no es posible medir de un modo fiable la inteligencia emocional, ¿cómo se puede demostrar que es más importante que la inteligencia racional?

"3. Los tests fiables de inteligencia emocional recientemente desarrollados se relacionan de un modo significativo con las medidas clásicas de inteligencia. Es falso, por tanto, que, cuando se puede medir fiablemente, la inteligencia emocional se muestre independiente de la inteligencia racional.

"4. Algunos científicos consideran que la inteligencia emocional no forma parte de la esfera de la inteligencia, sino que se encuadra dentro de la personalidad. La persona que Goleman describe como emocionalmente inteligente equivaldría a la persona emocionalmente estable. La estabilidad emocional, es, desde siempre, un rasgo básico de la personalidad humana, no una parte integrante de la inteligencia."

Por el contrario, Goleman en el cuarto libro citado, *Inteligencia emocional en el trabajo,* brinda amplia información sobre una investigación realizada acerca de la evaluación, el aprendizaje y la aplicación de la inteligencia emocional, tanto en el plano individual como en el de las organizaciones. Sin embargo, curiosamente, no hace mayor referencia a la personalidad, ni intenta aclarar la relación entre ambos conceptos: personalidad e inteligencia emocional.

# Inteligencia exitosa según Sternberg

| 1. Analítica |
| :---: |
| 2. Creativa |
| 3. Práctica |

En su obra *Inteligencia exitosa* (Paidós, 2000), Robert J. Sternberg distingue tres aspectos de la inteligencia:

1. La analítica, que *implica la dirección consciente de nuestros procesos mentales para encontrar una solución a un problema.*
2. La creativa, que *es la capacidad para ir más allá de lo dado y engendrar ideas nuevas e interesantes.*
3. La práctica, que *es la capacidad para traducir la teoría en la práctica y las teorías abstractas en realizaciones prácticas.*

Según Sternberg "la inteligencia exitosa es más efectiva cuando equilibra el aspecto analítico, el creativo y el práctico. Es más importante saber cuándo y cómo usar esos aspectos de la inteligencia exitosa que simplemente tenerlos. Las personas con inteligencia exitosa no solo tienen habilidades, sino que reflexionan sobre cuándo y cómo usar esas habilidades de manera efectiva".

La inteligencia analítica y la creativa constituyen las dos manifestaciones más evidentes de la capacidad intelectual que podemos observar en las organizaciones. En general, no es demasiado complicado establecer que una función determinada demanda principalmente capacidad analítica o creativa; o bien identificar que cierta persona posee más capacidad analítica que creativa, o viceversa.

En cuanto a la inteligencia práctica, el análisis de la obra de Sternberg permite considerar otros elementos de las características personales, que van más allá de la capacidad intelectual:

- Conocimientos (conocimiento especializado, conocimiento "tácito", experiencia).
- Habilidad para aplicar la inteligencia analítica o la creativa para solucionar problemas concretos.
- Inteligencia intrapersonal (conocimiento de sí mismo, motivos como orientación al logro o a metas concretas) e inteligencia interpersonal (habilidades sociales), que forman parte de la inteligencia emocional.

# Inteligencias múltiples según Gardner

| |
|---|
| 1. Lingüística |
| 2. Lógico-matemática |
| 3. Espacial |
| 4. Musical |
| 5. Corporal-cinestética |
| 6. Intrapersonal |
| 7. Interpersonal |

**M 64**

◀◀
Módulo antecedente
60

---

Howard Gardner, en su obra *Mentes sensibles* (Paidós, 2004), desarrolla su teoría original, que propone la existencia de *siete inteligencias* separadas en el ser humano:

1. *Lingüística:* es la capacidad de utilizar las palabras de manera efectiva, en forma oral o escrita. Incluye la habilidad en el uso de la sintaxis, la fonética y la semántica. Se observa un alto nivel de esta inteligencia en escritores, poetas, periodistas y oradores, entre otros.

2. *Lógico-matemática:* es la capacidad para usar los números de manera efectiva y de razonar adecuadamente. Incluye el uso de esquemas lógicos, relaciones de causa-efecto y abstracciones. Se ve un alto nivel de esta inteligencia en científicos, matemáticos, contadores, ingenieros y analistas de sistemas, entre otros.

3. *Espacial:* es la capacidad de percibir el mundo en imágenes, externas e internas, y recrearlas, transformarlas, recorrer el espacio o hacer que los objetos lo recorran, y producir o decodificar información gráfica. Presente en pilotos, marinos, escultores, pintores y arquitectos, entre otros.

4. *Musical:* es la capacidad de percibir, discriminar, transformar y expresar las formas musicales. Incluye la sensibilidad al ritmo, al tono y al timbre. Se da en compositores, cantantes y directores de orquesta, entre otros.

5. *Corporal-cinestésica:* es la capacidad para usar todo el cuerpo en la expresión de ideas y sentimientos, y la facilidad en el uso de las manos para transformar elementos. Incluye habilidades de coordinación, destreza, equilibrio, flexibilidad, fuerza y velocidad. Se manifiesta en atletas, bailarines, cirujanos y artesanos, entre otros.

6. *Intrapersonal:* es la capacidad de una persona de construir una percepción precisa respecto de sí misma y de organizar y dirigir su propia vida. Incluye la autodisciplina, la autocomprensión y la autoestima. Se encuentra muy desarrollada en teólogos, filósofos y psicólogos, entre otros.

7. *Interpersonal:* es la capacidad de entender a los demás e interactuar eficazmente con ellos. Incluye la sensibilidad a expresiones faciales, la voz, los gestos y posturas, y la habilidad para responder. Presente en actores, políticos, buenos vendedores y docentes exitosos, entre otros.

Las dos primeras (lingüística y lógico-matemática) se ubican claramente dentro de lo que denominamos capacidad intelectual. Gardner agrupa la tercera (espacial), la cuarta (musical) y la quinta (corporal-cinestésica) bajo el título de "no canónicas"; de estas la espacial y la musical tienen bastante que ver con la capacidad intelectual, en tanto que la corporal-cinestésica se vincula con la destreza física. La sexta (intrapersonal) y la séptima (interpersonal) se relacionan con la inteligencia emocional. Gardner argumenta que las siete inteligencias son relativamente independientes entre sí. En palabras del autor, esta teoría desafía "la creencia muy extendida –sostenida por muchos psicólogos y consolidada en multitud de lenguajes– de que la inteligencia es una sola facultad y que una persona o bien es lista o bien es tonta, sin más".

En uno de sus últimos libros, *Mentes flexibles* (Paidós, 2004), Gardner propone dos tipos de inteligencia más:

- Naturalista *(la incluye dentro de las "no canónicas")* – "Supone la capacidad de establecer distinciones trascendentales en el mundo natural: entre una planta y otra; entre un animal y otro; entre variedades de nubes, formaciones rocosas, etcétera".

- Existencial – "Supone la capacidad del ser humano para plantearse y considerar las preguntas más profundas: ¿Quiénes somos? ¿Por qué estamos aquí? ¿Qué nos va a ocurrir? ¿Por qué morimos? En resumen, ¿de qué va todo esto?"

A esta última inteligencia la plantea más bien con carácter exploratorio. Dice: "Hace poco he considerado la posibilidad de que pueda existir una novena inteligencia, la llamada inteligencia existencial". Y agrega: "Así pues, la candidata más reciente a la condición de inteligencia se encuentra en suspenso; hoy por hoy, y remedando un título clásico de la filmografía de Federico Fellini, cuando hablo de las inteligencias digo que son 8 ½".

# Motivación

## PUNTO DE VISTA DE LA ORGANIZACIÓN

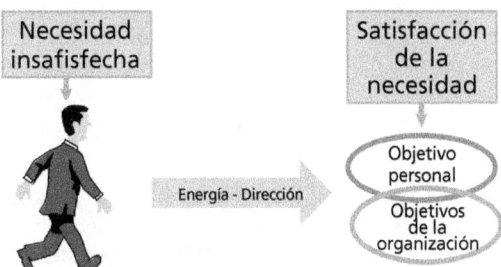

La palabra motivación proviene del latín *movere,* que significa mover. El concepto remite a los factores personales que movilizan la conducta; o sea que la explican: por qué una persona se comporta de cierta manera. La conducta depende en parte de las preferencias de la persona y en parte de los condicionamientos del contexto. Pero la motivación no se refiere a estos condicionamientos en sí, sino a cómo la persona reacciona frente a ellos.

En el campo de la motivación cabe distinguir:

- Los "motivos" como parte de las características estructurales de una persona, que constituyen su inclinación general a que un factor la motive más que otro a lo largo de su vida.

- La motivación específica que tiene una persona en un momento determinado, debido no solo a dicha inclinación general, sino también a la influencia del contexto y demás condiciones circunstanciales. Los párrafos que siguen se refieren a esta motivación específica.

La motivación se da cuando existe una necesidad insatisfecha que genera dirección y energía hacia cierto objetivo, cuyo logro se supone habrá de satisfacer la necesidad. Esta palabra la empleamos aquí en un sentido bien amplio: comprende un deseo, un interés, una atracción, la intención de protegerse contra un riesgo, la búsqueda de algo que se considera indispensable, etc. El agregado de "insatisfecha" no significa que la persona se sienta insatisfecha en términos generales; al contrario, bien puede ocurrir que el proceso motivacional entrañe un estado de satisfacción. Por ejemplo, un individuo puede sentirse muy motivado por leer un libro; la necesidad habrá de permanecer insatisfecha hasta que lo termine de leer, pero el proceso de lectura le provoca satisfacción.

Es común plantear si una persona está motivada o no. Sin embargo, el planteo no tiene mayor sentido si no se identifica el objetivo de la motivación. Por ejemplo, un joven puede estar muy motivado por divertirse y poco por estudiar, o viceversa. En

# M 65

## M 65. Motivación

el ámbito de las organizaciones, un empleado puede estar motivado por cumplir lo que le pidió su jefe o por hacer todo lo contrario; o bien para realizar ciertas tareas y no otras. En tal ámbito, cuando se habla de que un miembro o los miembros de la organización están motivados en sentido general, se entiende que su dirección y energía apunta a los objetivos de la organización; vale decir que hay una convergencia de objetivos. Lo mismo puede decirse respecto de un grupo y sus miembros, o de la organización y los grupos que la componen.

Dentro de la motivación, se diferencia la intrínseca de la extrínseca. Se da la primera cuando la persona es atraída por la tarea o por sus resultados, independientemente de la recompensa que ello puede significarle; por ejemplo, un profesor que disfruta de ejercer la enseñanza y de ver que sus alumnos aprenden. Ocurre la segunda cuando la persona se moviliza por la consecuencia personal de la tarea o sus resultados; por ejemplo, un profesor que está interesado en la remuneración por sus servicios o en el prestigio que le da el cargo. O sea, para conseguir un premio o evitar un castigo; el premio no necesariamente habrá de ser monetario (puede ser una promoción, mayor reconocimiento, etc.). Un factor importante de la motivación extrínseca suele ser el régimen de evaluación y recompensas de la gestión de los recursos humanos. Ambos tipos de motivación no son excluyentes: una persona puede estar motivada para una tarea tanto intrínseca como extrínsecamente. Pero también puede tener motivación intrínseca y no extrínseca, o viceversa.

A dicha diferenciación entre motivación intrínseca y extrínseca, algunos autores agregan una tercera categoría: la motivación trascendental, en el sentido de que trasciende el interés de la persona; por ejemplo, ayudar al prójimo. Sin embargo, este agregado ofrece dos dificultades:

- Desmerece la motivación intrínseca al reducirla a una concepción egoísta, de mero placer o satisfacción personal, ya que lo trascendente se ubica en otra categoría.
- En la práctica, es muy difícil, sino imposible, distinguir la motivación intrínseca de la trascendente. Por ejemplo, un médico muy motivado por curar a sus pacientes, ¿en qué medida lo hace porque le gusta y cuánto por un sentido trascendente? Probablemente ni él mismo lo sepa. Los dos impulsos se fusionan.

Las distintas escuelas de psicología tienen diversas teorías sobre cómo se origina la motivación y cuáles son sus efectos. Desde diferentes puntos de vistas todas aportan conceptos útiles. Las teorías clásicas sobre la motivación son:

M 68 - pág. 174
M 71 - pág. 181
M 72 - pág. 183
M 73 - pág. 184
M 74 - pág. 186

- Condicionamiento operante.
- Pirámide de necesidades de Maslow.
- Teoría de factores motivantes y factores higiénicos de F. Herzberg.
- Teoría de las expectativas.
- Teorías X e Y de McGregor.

# Motivación
## Campos de la vida

M 66

| |
|---|
| 1. Relaciones Interpersonales |
| 2. Trabajo |
| 3. Comunidad |
| 4. Educación |
| 5. Salud |
| 6. Recreación |
| 7. Espiritualidad |

El comportamiento humano (pensamientos, sentimientos y acciones) se desenvuelve en diversos campos de la vida:

1. Las relaciones interpersonales, que comprenden la pareja, la familia y los amigos. La familia suele incluir a la pareja, pero puede haber pareja sin familia, o digamos sin otros miembros de la familia.

2. El trabajo y las actividades vinculadas con él. El trabajo constituye a la vez un medio para ganarse la vida y una forma de realización personal. Puede incluir diversos roles, como el emprendedor, el gerente, el técnico, etc.

3. La comunidad, que abarca la colaboración en instituciones de servicios como la educación y la salud, la ayuda a organismos "no gubernamentales" (ONGs), la participación en el ámbito de la política, etc. Entre este campo y el trabajo indicado en 2 suele haber una zona gris: dependiendo del tipo de dedicación y de la remuneración, una actividad en la comunidad puede asimilarse al trabajo.

4. La educación, en el sentido más amplio de la palabra, destinada a adquirir o perfeccionar conocimientos, habilidades y actitudes, tanto en aspectos conductuales como profesionales o técnicos.

5. La salud física y mental.  ••▶ M 49 - pág. 137

6. La recreación personal, que comprende la lectura como entretenimiento, la música, el deporte, los juegos, los *hobbies*, la asistencia a espectáculos públicos, etc.

7. La espiritualidad, ya sea relacionada con la religión, como asistir a una iglesia, o no religiosa.

Cabe destacar que una actividad específica puede incursionar simultáneamente en varios campos. Por ejemplo, la práctica de un deporte (campo 6) junto con amigos (campo 1), que favorece la salud física y mental (campo 5).

## M 66

M 66. Motivación
**Campos de la vida**

El ser humano distribuye sus recursos (tiempo, energía y otros) entre los distintos campos. Pero, por un lado, las demandas o posibilidades son ilimitadas, y por otro lado el individuo tiene recursos escasos. Por eso tiende a concentrarse en ciertos campos, en mayor o menor grado, conforme a sus preferencias o inclinaciones. Naturalmente tal concentración cambia con el tiempo.

La atracción del momento puede hacer que el individuo se concentre demasiado en un campo a expensas de otro u otros; por ejemplo, una excesiva dedicación al trabajo en detrimento de las relaciones interpersonales, de la salud o de la recreación. Aquí pueden jugar factores del contexto, condiciones personales y circunstanciales o características personales estructurales, como ser la vocación o la personalidad.

Por ello es importante que la persona revise su distribución de recursos (tiempo, energía y otros) entre los campos indicados. Al respecto, cabe formularse las preguntas siguientes:

1. ¿Cuál es mi distribución de recursos a los campos? ¿Cuáles están más atendidos y cuáles más desatendidos?
2. ¿Cuáles son las razones o motivos de dicha distribución? ¿Qué relación tienen con mis características personales (conocimientos y habilidades, valores y creencias, vocación, condiciones físicas, personalidad e inteligencia)?
3. ¿Cuáles son las consecuencias actuales de la situación, especialmente con respecto a los campos descuidados? ¿Y cuáles pueden ser las consecuencias futuras?
4. ¿Creo sinceramente que la distribución es adecuada?
5. Si la respuesta a la pregunta precedente es negativa, ¿qué debería hacer para cambiar la situación?

Con respecto a la pregunta 3, es fundamental tener en cuenta la distinción entre el corto y el largo plazo; por ejemplo, la desatención de los hijos a raíz del exceso de trabajo puede que no tenga efectos nocivos en el corto plazo, pero no es extraño que los tenga en el largo plazo; o el descuido de la salud durante la juventud puede que provoque sus efectos negativos a una edad más avanzada. Otro aspecto relevante en cuanto a la pregunta 3 es no perder de vista que el bienestar o la felicidad personal dependen significativamente de la intensidad y calidad de las relaciones interpersonales; las investigaciones en el terreno de la psicología positiva respaldan este concepto.

M 52 - pág. 143
M 54 - pág. 146

La pregunta 4 requiere un análisis bien profundo. Cada caso tiene sus particularidades. Se trata de encontrar un equilibrio apropiado entre las demandas del contexto, las preferencias o inclinaciones personales y la elección de las alternativas más convenientes en el corto y el largo plazo.

La pregunta 5 remite a un proceso de cambio personal, en donde son aplicables diversos módulos sobre el tema.

**Campos de la vida**

Dentro de las medidas concretas para manejar la situación, cabe mencionar dos tipos de estrategia:

- Las que surgen de los conceptos y técnicas de la administración o gestión del tiempo. ••▶ M 17 - pág. 60
- Las actividades multicampo, como en el ejemplo ya visto, de la recreación con amigos que favorece la salud física y mental.

# Motivación
## Círculo de la confianza

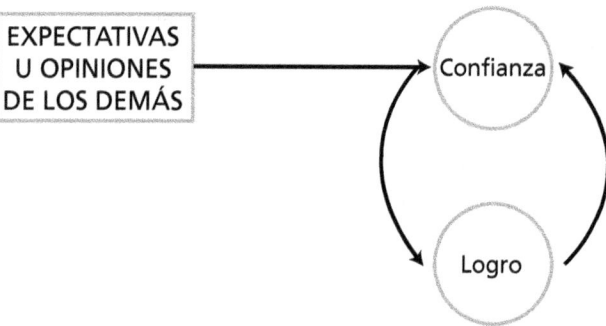

La confianza en uno mismo tiende a favorecer el logro de los resultados propuestos; y, viceversa, el logro refuerza a la confianza. Asimismo, la falta de confianza puede perjudicar el logro; y la carencia de este propende a menoscabar la confianza.

A su vez, cualquiera de estos dos circulos, tanto el virtuoso como el vicioso, pueden verse influenciados por las actitudes de otras personas al respecto. Por ello es muy importante cómo comunicamos nuestras expectativas u opiniones acerca del comportamiento de los demás: en muchas circunstancias, las expresiones favorables o desfavorables afectan en forma positiva o negativa, respectivamente, el comportamiento real. Por ejemplo, la expectativa optimista de un profesor con relación al buen desempeño de un alumno anima a este a responder a tal expectativa. Esto es lo que se ha dado en llamar "la profecía que se autocumple" (*the self-fulfilling profecy*).

El gerente puede influir significativamente en el círculo de confianza de sus propios colaboradores, mediante diversas acciones y actitudes:

- Evaluaciones. La evaluación que hace el gerente de sus colaboradores afecta la confianza de estos: el énfasis en los logros positivos la refuerza, en tanto que el énfasis en las debilidades la reduce.

  Cabe aclarar que el impacto no solo se genera por la evaluación explícita sino por las cogniciones que el jefe tiene sobre las capacidades del otro, las cuales inevitablemente se manifiestan en las distintas interacciones, a través de tonos de voz, gestos, manifestaciones indirectas, etc.

- Expectativas positivas. En nuevos proyectos o trabajos hay una base pequeña de confianza, porque hay pocos logros o no los hay. El apoyo del gerente a través de expectativas y comentarios positivos construye confianza y aumenta la probabilidad de que la persona tenga éxito. Cuando la gente va logrando éxitos, se siente más confiada y necesita menos apoyo.

En un experimento realizado hace algunos años en una compañía de seguros, se le pidió al gerente que agrupara a sus agentes en tres categorías: los mejores, los del

## Círculo de la confianza

medio y los peores productores, asignándolos a tres gerentes diferentes: el más capaz, el del medio y el peor. No fue una sorpresa que el "super-staff" se desempeñara aún mejor de lo que el gerente esperaba. En el grupo de los peores la productividad declinó y el desgaste aumentó. Por su parte, el gerente del medio se negó a creer que sus agentes eran peores que los del "super-staff" y los desafió a superarlos. Cada año su productividad fue aumentando a un ritmo mayor que el del "super-staff". Las expectativas altas del gerente fue la única variable que influenció el rápido incremento de la productividad. Su comportamiento se emparejó con la creencia del gerente acerca de su potencial.

Una responsabilidad importante de los gerentes es construir confianza en otros. Delegar es la parte inicial del trabajo. Luego, una vez a la vista los resultados obtenidos, su tarea es construir la confianza necesaria para que aparezcan los nuevos comportamientos necesarios de los demás, a fin de conseguir los resultados esperados y poder, así, confiar en ellos.

# Motivación
## Condicionamiento operante

| Conductas del sujeto | Intervención de otra persona | | Consecuencias para el sujeto |
|---|---|---|---|
| | Objetivo | Tipo | |
| Favorable | Alentar la conducta | Refuerzo positivo | Positiva |
| | | Refuerzo negativo | |
| Desfavorable | Desalentar la conducta | Extinción | Negativa |
| | | Castigo | |

Dada la conducta actual o potencial de un sujeto, el condicionamiento operante consiste en intervenciones que puede realizar otra persona a fin de alentar o desalentar dicha conducta, según se la considere favorable o desfavorable, respectivamente. Se basa en el concepto de que los seres humanos tienden a ejercer o continuar conductas que conllevan consecuencias positivas para ellos, y a discontinuar conductas que traen aparejadas consecuencias negativas. Vale decir que se refiere a la motivación extrínseca. Este fue un campo investigado por el psicólogo conductista B.F. Skinner, que puede enfocarse como una estrategia de aprendizaje, pero que al mismo tiempo representa un enfoque de la motivación humana.

En los experimentos clásicos sobre el condicionamiento operante, se utilizaban ratas y palomas. Skinner desarrolló un dispositivo (la caja de Skinner) dispuesto de tal manera que garantizaba que el animal obtuviera el alimento (estímulo positivo) en caso de que realizara aquella actividad que el investigador pretendía estimular (por ejemplo, pulsar una tecla). El experimento indicó que a través del refuerzo positivo se consigue la consolidación de una conducta en el animal.

Estos hallazgos de Skinner fueron posteriormente trasladados al ámbito organizacional y resaltan la importancia de analizar y comprender la relación entre las conductas y sus consecuencias para poder crear condiciones de trabajo que alienten aquellas conductas que son deseables y desalienten las que no lo son. El comportamiento se aprende y repite si sus consecuencias son positivas, y se abandona si son negativas. Al respecto se distinguen cuatro tipos de intervenciones: dos orientadas a alentar cierta conducta, el refuerzo positivo y el refuerzo negativo, y dos destinadas a desalentarla, la extinción y el castigo:

- El refuerzo positivo consiste en recompensar el trabajo bien efectuado, induciendo a que este se repita o mantenga; por ejemplo, elogios o regalos.
- El refuerzo negativo estriba en retirar un elemento que estaba afectando negativamente la conducta deseada; por ejemplo, una excesiva supervisión del trabajo. Se denomina refuerzo porque aumenta la frecuencia de la conducta y

es negativo porque la respuesta se incrementa cuando el refuerzo desaparece o se elimina.

- La extinción radica en eliminar algo que estaba reforzando positivamente cierta conducta que se prefiere discontinuar; es decir, se pierde un beneficio y así se provoca la extinción de la respuesta.
- El castigo consiste en introducir una consecuencia desagradable, a fin de desalentar la conducta en cuestión. Se recomienda utilizarlo lo menos posible porque tiene muchos efectos no deseados. Puede generar frustración y agresividad, que pueden hacer que se detenga el proceso de aprendizaje. Además, con frecuencia la conducta no deseada solo desaparece durante un tiempo o únicamente en los contextos en los que es probable el castigo.

# Motivación
## Elementos básicos del clima

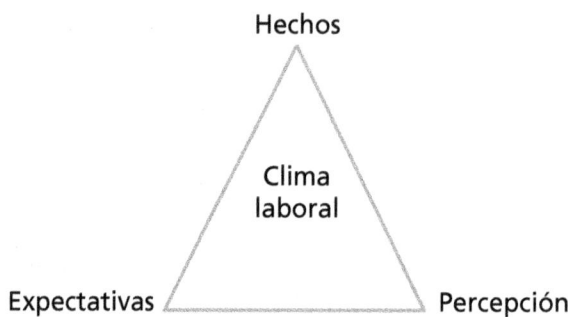

En el módulo MOTIVACIÓN - FACTORES DE LA ORGANIZACIÓN identificamos cuatro categorías de factores: 1) la influencia de la tarea y los resultados, 2) los beneficios que la organización le brinda a la persona, 3) el ambiente humano, y 4) la integración entre los valores y objetivos de la organización y los de la persona. Allí también decimos que dichos factores influyen tanto en la motivación como en la satisfacción de los miembros de la organización, pero que la motivación y la satisfacción no siempre van juntas. Por ejemplo, una persona puede estar muy satisfecha pero con escasa energía y poco orientada al logro de los objetivos de la organización. Vale decir que puede sentirse satisfecha aunque no motivada. Sin embargo, en general, la desmotivación suele ir acompañada de la insatisfacción. En este módulo analizamos tres elementos básicos que juegan en la influencia de cada uno de dichos factores:

- Los hechos objetivos.
- Las expectativas que las personas tengan al respecto.
- La percepción que ellas elaboran acerca de los hechos objetivos, que incluye su interpretación y que se ve influida por las expectativas.

Por ejemplo, supongamos que la empresa otorga un ajuste salarial del 5% (hecho objetivo). Existirán quienes esperaban un incremento de dos dígitos (expectativa) y sientan entonces que ese aumento es escaso (percepción); y quienes se sorprendan positivamente, ya que no esperaban una variación de sus salarios, por mínima que fuere.

Para trabajar sobre el clima de una organización es importante descomponer los tres elementos del triángulo (por más que, en la realidad, funcionen absolutamente interrelacionados).

El más sencillo de analizar es el de los hechos objetivos, ya que depende, estrictamente, de lo que la empresa decida hacer o no hacer (en el ejemplo, el aumento del 5% de los salarios).

M 69. Motivación
**Elementos básicos del clima**

Para comenzar a definir qué hacer resulta clave analizar cuál será la reacción de la gente; para lo cual se torna fundamental, primero, conocer cuáles son sus expectativas. ¿Cómo hacerlo? Abriendo o fortaleciendo canales de comunicación que permitan conocer las sensaciones de los colaboradores: encuestas, focus groups, talleres, desayunos, etc. Cualquiera de estas instancias –o todas en su conjunto– pueden contribuir a conocer qué es lo que esperan o desean.

El tercer eslabón es la percepción, que es la forma en que cada uno va a reaccionar ante los hechos. Si volvemos nuevamente a nuestro ejemplo, ante la creencia de que el salario está desfasado 25% respecto del mercado, un 5% de ajuste será percibido en forma negativa.

La percepción también debe trabajarse desde la comunicación. Siendo consistentes con los mensajes, hablando con claridad y contribuyendo a explicar la racionalidad de los hechos objetivos. Uno genera percepciones en la compañía. No es lo mismo comunicar a secas un incremento del 5%, que decir que eso responde a una situación particular de la compañía, que podrá cambiar o no en función de tales o cuales factores, etc.

# Motivación
## Factores de la organización

| Tareas y sus resultados |
| Beneficios |
| Ambiente humano |
| Integración |

Desde el punto de vista de la organización, la motivación de sus miembros radica en la convergencia entre los objetivos de ambas partes. Por lo tanto, es fundamental saber qué les ofrece la organización a sus miembros. En este sentido, cabe distinguir las siguientes categorías de factores de la motivación:

A. La influencia de la tarea y los resultados.

B. Los beneficios que la organización le brinda a la persona.

C. El ambiente humano.

D. La integración entre los valores y objetivos de la organización y los de la persona.

Dadas las condiciones de la organización, ellas pueden afectar de manera muy distinta la motivación de cada uno de sus miembros, en función de sus preferencias y necesidades. Por ejemplo, la flexibilidad que se indica en el punto 3 del listado siguiente puede ser muy valorada por un individuo pero bastante menos por otro.

La influencia señalada en A, que en general está más relacionada con la motivación intrínseca, comprende:

1. La atracción de la tarea, que tiene mucho que ver con la vocación de la persona.

2. Las condiciones físicas en que se desenvuelve la tarea: disponibilidad de recursos, comodidades, lugar de trabajo, etc.

3. La flexibilidad en cuanto a horario, libertad de movimientos, etc.

4. El *empowerment* otorgado a la persona, que depende de sus posibilidades de participar en la toma de decisiones y de la autonomía en la realización de las tareas (correlato de la delegación recibida). Esta variable está muy vinculada con el estilo gerencial o de liderazgo de sus supervisores, que se identifica más adelante en 1 de C.

M 70. Motivación
**Factores de la organización**

5. El estrés causado por el trabajo. Aquí juega un rol importante el sistema de gestión del desempeño (planeamiento y control de las operaciones, régimen de evaluación y recompensas, etc.), especialmente por la presión que puede ejercer sobre el individuo. Claro está que la presión puede resultar ventajosa o contraproducente en función del umbral de estrés del individuo (punto de inflexión en donde el estrés pasa de ser positivo a negativo).  ••▶  M 51 - pág. 140

Los beneficios referidos en B, que en general están más relacionados con la motivación extrínseca, comprenden:

1. Las compensaciones y otros beneficios por todo concepto. Aquí cabe distinguir tres aspectos:
   - El valor otorgado a la compensación o al beneficio en sí.
   - La comparación con las compensaciones o beneficios que se brindan a otros miembros de la organización, como cuestión de justicia.
   - El régimen de la compensación o el beneficio en cuanto a si opera o no como incentivo (por ejemplo, la remuneración variable); lo cual remite al punto siguiente.

2. Los incentivos establecidos para inducir el desempeño perseguido (como ser un bonus de fin de año), como así también el reconocimiento por los logros.

3. Las posibilidades de aprendizaje por medio de la capacitación formal, el coaching, el trabajo desafiante, la rotación en las tareas, etc.  ••▶  M 09 - pág. 42
   ••▶  M 07 - pág. 39

4. Las oportunidades de carrera; por ejemplo, la promoción a niveles superiores, el acceso a destinos interesantes, etc.

El ambiente humano indicado en C comprende:

1. La relación de la persona con sus superiores jerárquicos. En este orden juegan múltiples factores: el trato que ellos dispensan a la persona (respeto, confianza, etc.), el estilo gerencial o de liderazgo de los superiores (participativo o directivo, orientado a la tarea y los resultados y/o a la gente, etc.), la confianza que la persona tiene en sus superiores (lo cual tiene que ver con la percepción de la persona acerca de los valores de estos), etc. En esta relación cabe distinguir:
   - La relación con el jefe, que por su proximidad es la que suele tener más impacto. Las investigaciones indican que constituye uno de los factores más influyentes.
   - La relación con otros superiores: el jefe del jefe, los miembros de la alta gerencia, etc.

2. El clima de las relaciones interpersonales e intergrupales, que incluye la comunicación, el trabajo en equipo, el nivel y el manejo del conflicto, etc.

**Factores de la organización**

3. El comportamiento de la organización frente a la diversidad: nacionalidad, raza, género, religión, etc.

La integración referida en D comprende:

1. La identificación de la persona con la misión y los valores de la organización.
2. La medida en que la organización favorece o perjudica un adecuado equilibrio entre trabajo y calidad de vida.

Los factores indicados influyen tanto en la motivación como en la satisfacción de los miembros de la organización. Sin embargo, la motivación y la satisfacción no necesariamente van juntas. Por ejemplo, una persona puede estar muy satisfecha pero con escasa energía y poco orientada al logro de los objetivos de la organización. Vale decir que puede sentirse satisfecha aunque no motivada. Pero, en general, la insatisfacción suele ir acompañada de la desmotivación.

Por otra parte, el concepto de motivación puede considerarse sinónimo del de "compromiso", en el sentido más amplio de ambos términos. Podemos decir que una persona motivada está comprometida, y viceversa. No obstante, algunos prefieren emplear la palabra motivación más bien con relación a la tarea, y compromiso con respecto a la organización. En última instancia, esto es convencional.

# 71. Motivación
## Pirámide de las necesidades de Maslow

M71

◀◀
Módulo
antecedente
65

En su artículo "A Theory of Human Motivation" (*Psychological Review*, 1943), Abraham Maslow desarrolla su teoría sobre la jerarquía de necesidades humanas. Allí postula que una vez que se van satisfaciendo las necesidades más básicas (parte inferior de la pirámide), las personas desarrollan necesidades y deseos más elevados (parte superior de la pirámide). Solamente las necesidades que aún no han sido satisfechas influyen en el comportamiento de las personas, ya que las satisfechas no generan acciones tendientes a satisfacerlas. Asimismo, y en general, el individuo intenta satisfacer necesidades más altas una vez que ha cubierto, al menos parcialmente, necesidades inferiores.

A continuación describimos brevemente cada uno de los niveles de la pirámide.

En la base de la pirámide están las necesidades fisiológicas. Estas comprenden todas las acciones que sirven para el mantenimiento de las funciones corporales: la alimentación, la respiración, el descanso, etc.

En el siguiente escalón se encuentran las necesidades de seguridad. Está compuesto por necesidades de protección y la estabilidad, tanto física (salud) como económica y laboral (tener un trabajo, contar con recursos, entre otros).

El tercer escalón es el de las necesidades sociales. Una vez satisfechas las necesidades anteriores, las personas sienten la necesidad de relacionarse con otras personas, de ser parte de una familia, de una comunidad y de organizaciones sociales. Son necesidades de afecto, compañerismo, amistad y amor.

El cuarto escalón es el de la necesidad de estima. Incluye el respeto por uno mismo, la autoconfianza, la necesidad de éxito, la atención de los demás y el reconocimiento del entorno, a partir de la percepción que los otros le transmiten, así como el de la persona respecto de sí misma.

En la cima de la pirámide está la necesidad de autorrealización. Maslow postula que mediante su satisfacción se alcanza un sentido de la vida por medio del desarrollo

### M 71. Motivación
**Pirámide de las necesidades de Maslow**

personal. Se logra la autorrealización cuando todos los niveles anteriores han sido alcanzados, al menos parcialmente.

Es importante destacar que no debe tomarse la pirámide de Maslow en términos absolutos, sino más bien como una tendencia que suele darse en la mayoría de las personas.

# Motivación
## Teoría de Herzberg

```
        ┌─── FACTORES ───┐
De satisfacción      De insatisfacción
("Motivadores")      ("Higiénicos")
```

Frederick Herzberg, en su libro *La motivación para trabajar* (John Wiley & Sons, 1959), desarrolló la teoría de los dos factores para explicar el comportamiento de las personas en situaciones laborales. Este autor basó su investigación en la siguiente pregunta: "¿Qué desean las personas de su puesto de trabajo?". Le pidió a la gente que describiera situaciones en que se sintiera muy bien y en las que se sintiera muy mal. Él originalmente pensaba que los mismos factores habrían de jugar para bien o para mal; por ejemplo, que una remuneración elevada sería positiva, en tanto que una remuneración insuficiente sería negativa. Sin embargo, los resultados de la investigación indicaron que los factores que llevan a la satisfacción en el trabajo son diferentes de aquellos que conducen a la insatisfacción. Basado en estos resultados, distinguió dos tipos de factores que determinan el comportamiento laboral de las personas:

- Los factores de higiene. Son factores de contexto. Si están ausentes o son inadecuados causan insatisfacción, pero su presencia tiene poco efecto en la satisfacción a largo plazo. Herzberg los denomina factores higiénicos porque son esencialmente profilácticos y preventivos; o sea, evitan la insatisfacción, pero no provocan satisfacción. Ejemplos de ellos son: el sueldo y los beneficios, el tipo de dirección o supervisión que las personas reciben de sus jefes, el clima de las relaciones en el trabajo, el ambiente, las políticas de la empresa y la seguridad laboral.

- Los factores de motivación. Estos ayudan a aumentar la satisfacción del individuo y tienen poco efecto sobre la insatisfacción. Algunos ejemplos son: los logros personales, el trabajo en sí, el reconocimiento personal, la posibilidad de independencia laboral, el tener responsabilidades, la posibilidad de crecimiento y las promociones.

La teoría de Herzberg puede relacionarse con la teoría de la motivación de Maslow desarrollada en el módulo respectivo. Los factores higiénicos son equivalentes a los primeros niveles de necesidades de la pirámide de Maslow (necesidades fisiológicas y necesidades de seguridad, principalmente, aunque incluyen algunas de tipo social), mientras que los factores motivacionales se relacionan directamente con las necesidades superiores (necesidades de estima y de autorrealización).

# Motivación
## Teoría de las expectativas

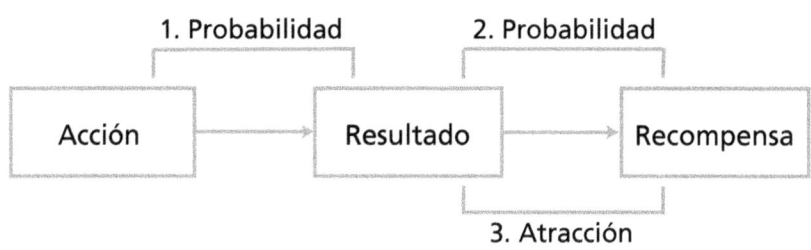

La teoría de las expectativas del psicólogo Victor H. Vroom, en su versión sintética, sostiene que la intensidad de la motivación de una persona por realizar una acción depende de dos factores:

- La "valencia", que es la intensidad de su preferencia por el resultado de la acción (la meta).
- La "expectativa", que es su estimación de la probabilidad de que la acción produzca el resultado consecuente.

Pero, a su vez, dentro del concepto amplio de resultado, cabe diferenciar el resultado directo de la acción en sí –por un lado– de la recompensa que el resultado puede generar para la persona –por el otro–. Por ejemplo, en un proceso de conquista de un cliente, el resultado directo de la acción en sí es concretar una venta, y la recompensa es la comisión por la venta. Sobre la base de esta distinción, los factores de motivación serían tres (cambiando el orden):

1. La probabilidad de que la acción redunde en su resultado directo.
2. La probabilidad de que este resultado traiga aparejada la recompensa correspondiente.
3. La atracción por el resultado directo y/o la recompensa.

Lo antedicho puede resumirse en la siguiente fórmula:

$$\text{Intensidad de la motivación} = 1 \times 2 \times 3$$

Supongamos un ejemplo "teórico" para ilustrar la fórmula: si la intensidad de los tres factores pudiese medirse y arrojara 1/10 cada una, la intensidad resultante sería 1/1000 (uno dividido por 10 x 10 x 10).

Las estimaciones de 1, 2 y 3 pueden ser explícitas o tácitas, intuitivas o fundamentadas. Para cada una de ellas influyen el conocimiento y la experiencia previa.

**Teoría de las expectativas**

La combinación de estos tres elementos produce la motivación en distintos grados de acuerdo con la intensidad de los factores. La fórmula grafica que para que la motivación sea positiva ninguno de los tres factores puede ser nulo (0) o negativo.

Se desprende del modelo que la percepción del individuo sobre la probabilidad de obtener lo buscado es clave. En esa dirección, la autoconfianza tiene una clara relación con la motivación. El modelo nos permite deducir que un colaborador puede perder motivación sin darse cuenta de que lo que en realidad le afecta es la confianza de lograr los resultados esperados.

••▶ M 67 - **pág. 172**

En cuanto a la atracción de los resultados juega un papel preponderante el sistema de valores y creencias del individuo. Puede que el colaborador pretenda cosas distintas de lo que la empresa le ofrece, o puede ser que considere imposible lograr lo que busca, por más que obtenga los resultados que se le piden.

••▶ M 55 - **pág. 148**

Se desprende de la teoría de las expectativas de Vroom que un gerente tiene tres maneras de desarrollar la motivación de un colaborador:

- Conocer la percepción de la probabilidad de lograr los resultados buscados e influir sobre ella.
- Garantizar al colaborador que los resultados tendrán su recompensa.
- Hacer que las recompensas sean las buscadas por la persona, para lo cual se hace indispensable saber qué pretende y qué entiende por recompensa.

A través de este último punto resulta claro cómo el modelo puede contribuir a entender el sistema motivacional de las distintas generaciones (generación X, generación Y, etc.). Es muy común escuchar la idea de que las nuevas generaciones no están dispuestas a esforzarse. El modelo nos ayuda a darnos cuenta de que el esfuerzo existirá si las organizaciones les otorgan confianza y les dan como recompensa lo que buscan.

Módulo antecedente 65

# Motivación
## Teorías "X" e "Y" de McGregor

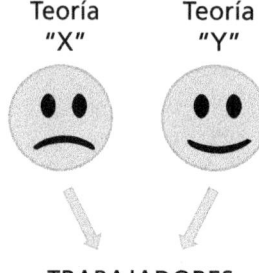

TRABAJADORES

En su clásico libro *El aspecto humano de las empresas* (Diana, 1969), Douglas McGregor plantea que el comportamiento de los gerentes depende en gran medida de sus supuestos (explícitos o tácitos) acerca de la actitud de los colaboradores respecto del trabajo. En este orden, distingue dos teorías de la naturaleza humana:

- La teoría "X" supone que, en general, a las personas no les atrae el trabajo. En consecuencia, hay que dirigirlas, controlarlas y manejar su motivación extrínseca para que cumplan con su tarea.

- La teoría "Y" supone que bajo determinadas condiciones a la gente le gusta trabajar y es capaz de ser autorresponsable. Por lo tanto es fundamental crear tales condiciones y apelar a la motivación intrínseca.

A continuación puede verse un cuadro comparativo entre los supuestos de cada una de estas dos teorías.

| SUPUESTOS DE LA TEORÍA "X" | SUPUESTOS DE LA TEORÍA "Y" |
| --- | --- |
| El ser humano siente una resistencia intrínseca hacia el trabajo y lo evitará siempre que pueda. | El desarrollo del esfuerzo físico y mental en el trabajo es tan natural como el juego o el descanso. |
| El control externo y la amenaza de castigo son los únicos medios de encauzar el esfuerzo humano hacia los objetivos de la organización. | El ser humano debe dirigirse y controlarse a sí mismo en servicio de los objetivos a cuya realización se compromete. |
| Las personas tienden a soslayar responsabilidades, tienen relativamente poca ambición y desean más que nada su seguridad. | El ser humano ordinario se habitúa, en las debidas circunstancias, no solo a aceptar sino a buscar nuevas responsabilidades. |

## Teorías "X" e "Y" de McGregor

| | |
|---|---|
| La gente prefiere ser dirigida; necesita que otros les diga qué hacer y cómo hacerlo. | La capacidad de desarrollar en grado relativamente alto la imaginación, el ingenio y la capacidad creadora para resolver los problemas de la organización es característica de grandes, no pequeños, sectores de la población. |
| Los empleados harían muy poco por la empresa si no fuera por la dirección. | Los empleados se comprometen a la realización de los objetivos de la empresa por las compensaciones asociadas con su logro, incluido el reconocimiento de sus méritos. |
| Las personas son ingenuas, crédulas y están mal informadas. | En las condiciones actuales de la vida industrial las potencialidades intelectuales del ser humano están siendo utilizadas solo en parte. |

Vale aclarar que según McGregor la teoría "Y" no implica necesariamente la toma de decisiones por consenso, ni tampoco es un argumento en contra del uso de la autoridad. En dicha teoría, la autoridad formal se tiene en cuenta como una de las muchas formas en que un jefe ejerce el liderazgo.

McGregor estaba decididamente a favor de la teoría "Y", no solo por razones humanistas. Argumentaba que la teoría "X" era la culpable de una gran improductividad, al no aprovechar el tremendo potencial de los recursos humanos. Además, argumentaba que esa teoría tiene mucho de la profecía que se autocumple: si el gerente trata a sus colaboradores en línea con la teoría "X", tal comportamiento tiende a provocar que ellos respondan negativamente, o sea confirmando la teoría del gerente, constituyendo así un verdadero círculo vicioso.

McGregor hizo su propuesta a la comunidad empresaria en la década iniciada en 1960. Fue un verdadero pionero al respecto. A lo largo de los años, la teoría "Y" ha ido ganando mucho terreno; no solo por la conversión intelectual, sino también porque la dinámica del mundo moderno abona en favor de las concepciones de dicha teoría. Sin embargo, todavía hay resabios de la teoría "X", sobre todo en la práctica real del management. Aún hoy, si uno profundiza, puede descubrir que muchos gerentes tienen modelos mentales que entrañan la teoría "X", en mayor o menor grado, aunque no lo reconozcan. Por otra parte, corresponde darle cabida al concepto de liderazgo situacional, el cual sostiene que el comportamiento del líder debe adaptarse a las necesidades de la situación; y que en este sentido un factor importante a tomar en cuenta está dado por las características de las personas objeto de liderazgo. Entonces, por más que inclinemos la balanza a favor de la teoría "Y", debemos admitir que ciertos individuos lamentablemente responden más a la teoría "X".

# Personalidad

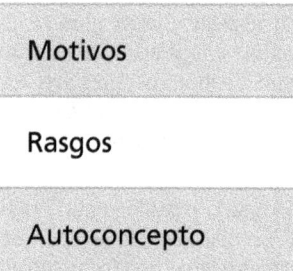

El *Diccionario de la Real Academia Española* define la personalidad (primera acepción) como "la diferencia individual que constituye a cada persona y la distingue de otra". Comprende las características del individuo, relativamente estables y duraderas en el tiempo, y que se manifiestan en múltiples situaciones. Se trata de su manera de pensar, de sentir y de actuar; o sea, de su forma de ser.

Los estudiosos de la personalidad han señalado tres elementos componentes: los motivos, los rasgos y el autoconcepto.

**Los motivos**

Los motivos representan la finalidad de la conducta; explican el porqué del comportamiento. Al respecto, cabe distinguir:

- Cierta inclinación general de cada persona a que un factor la motive más que otro. Por ejemplo, David C. McClelland demostró en sus valiosos trabajos de investigación que hay personas más motivadas por el poder, otras por la afiliación y otras por el logro.

- La motivación específica que tiene una persona en un momento determinado debido a sus condiciones circunstanciales o a influencias del contexto. Por ejemplo, un empleado está muy motivado para realizar una tarea a causa del premio prometido.

**Los rasgos**

El rasgo es una tendencia distintiva a comportarse de cierta manera, tendencia que es esencialmente consistente en el tiempo y ante distintas situaciones. En otras palabras, es la inclinación estructural a repetir patrones de conducta, más allá de los condicionamientos situacionales. Por ejemplo, si alguien se emociona a raíz de un acontecimiento muy conmovedor, este hecho por sí solo no justifica inferir que se trata de una persona emotiva. Sin embargo, si se emociona intensamente, con suma facilidad y en repetidas ocasiones, frente a muy diversos tipos de hechos, entonces sí cabe interpretar que posee ese rasgo.

### El autoconcepto

El autoconcepto comprende las ideas que uno tiene acerca de sí mismo, algunas de las cuales son más conscientes que otras y abarcan distintos aspectos del ser (competencia, integridad, etc.). La capacidad para reflexionar sobre uno mismo (autoconciencia) en la faz privada contribuye a conocer con más claridad dicho concepto. Su resultado es la autoestima (dimensión afectiva). Ambas cosas, autoconcepto y autoestima, determinan en gran medida el desempeño del individuo, lo cual constituye la faz pública del concepto.

Además, cada individuo trata de crear (conscientemente o no) una impresión en los demás acerca de su personalidad (pretendiendo ser de determinada forma), reclamando consecuentemente que los demás lo valoren y traten de acuerdo con esa imagen proyectada o pretendidamente proyectada. Cómo la persona concibe esa imagen representada ante otros y cómo cree que la consideran los demás es una parte central del autoconcepto, ya que las actuaciones resultantes (casi teatrales) son esenciales en la vida de relación. La creación de barreras defensivas para "salvar la cara", demandar que los demás nos traten de acuerdo con la imagen que buscamos proyectar, la necesidad de respetar socialmente la imagen representada por otro aún cuando su falsedad resulte obvia, son ejemplos de situaciones que muestran la importancia de esta presentación de la persona ante los demás en la vida cotidiana.

El tema de la personalidad incluye la consideración de sus trastornos, que tratamos en el módulo respectivo.

# Personalidad
## 16 Factores (16 PF)

Múltiples características  Agrupación (Análisis factorial)  16 factores

El modelo de los 16 factores (rasgos) de la personalidad, que se abrevia con la sigla 16 PF (*personality factors*), fue desarrollado por Raymond Cattell. El autor partió de miles de adjetivos descriptivos de características personales, y por medio de investigaciones empíricas y aplicando el análisis factorial fue determinando que ciertos ítems tenían correlación entre sí; o sea que tendían a presentarse juntos en una misma persona. "Algunos ejemplos pueden ilustrar este proceso, las palabras amistoso, sociable y extravertido tienen diferentes significaciones; pero estas diferencias son tan sutiles que podría utilizarse una única dimensión o un solo factor para englobar las tres palabras perdiendo poca información" (transcripción de párrafo del libro citado más abajo). Así, a través de sucesivas agrupaciones, llegó a reducir la clasificación a 16 categorías o dimensiones, en donde cada una comprende múltiples características correlacionadas.

El número de categorías derivadas a partir del análisis factorial es, en cierta medida, una cuestión convencional o discutible. Cattell ha sido reconocido como el padre del modelo de los cinco grandes factores. Sin embargo, él creía que la agrupación en 16 factores brinda información más rica.

En el Anexo presentamos un resumen de dichos factores basado en el contenido del libro *16 PF-5* de Michael Karson, Samuel Karson y Jerry O'Dell (TEA, 1998).

El instrumento o cuestionario titulado "16 PF" permite caracterizar los rasgos de personalidad de un individuo de acuerdo con el modelo.

## ANEXO
## 16 PF (*SIXTEEN PERSONALITY FACTORS*)
## DESARROLLADOS POR RAYMOND CATTELL*

| N° | RASGO | POLO BAJO | POLO ALTO |
|---|---|---|---|
| 1. | Afabilidad | Frío, impersonal y distante | Afable, cálido, generoso y atento a los demás |
| 2. | Razonamiento | Pensamiento concreto | Pensamiento abstracto |
| 3. | Estabilidad emocional | Reactivo, emocionalmente inestable | Emocionalmente estable, adaptable y maduro |
| 4. | Dominancia | Deferente y cooperativo, que evita conflictos | Dominante, fuerte y asertivo |
| 5. | Animación | Serio, cohibido y solícito | Animado y espontáneo |
| 6. | Atención a las normas | Rebelde e inconformista | Atento a las normas y cumplidor |
| 7. | Atrevimiento | Asustadizo, apocado y tímido | Atrevido, emprendedor y arriesgado |
| 8. | Sensibilidad | Utilitario, objetivo y poco sentimental | Sensible, esteta y sentimental |
| 9. | Vigilancia | Confiado, no suspicaz y acogedor | Vigilante, suspicaz, escéptico y cauteloso |
| 10. | Abstracción | Realista, práctico y orientado a la acción | Abstracto, imaginativo y orientado a las ideas |
| 11. | Privacidad | Abierto, espontáneo y sencillo | Receloso, discreto y cerrado |
| 12. | Aprensión | Seguro, despreocupado y satisfecho | Aprensivo, dubitativo y preocupado |
| 13. | Apertura al cambio | Tradicional y apegado a lo familiar | Abierto al cambio y experimental |
| 14. | Autosuficiencia | Integrado en el grupo y afiliativo | Seguro, solitario e individualista |
| 15. | Perfeccionismo | Tolerante con el desorden, condescendiente y flexible | Perfeccionista, organizado y autodisciplinado |
| 16. | Tensión | Relajado, plácido y paciente | Tenso, enérgico, impaciente y presionado |

* Resumen basado en el libro *16 PF-5*, de Michael Karson, Samuel Karson y Jerry O'Dell (TEA, 1998).

# Personalidad
## Autoconcepto y resultados

En el libro *The Realworld Management Deskbook*, de Uris Auren (Van Nostrand Reinhold, 1984), el autor explica su idea sobre las claves del automejoramiento ejecutivo. En él establece el concepto "remodelación de la propia imagen"; sugiere que, considerando que la autoimagen modela el comportamiento propio, uno se debe comprometer a cambiarla según sea o no funcional. La nueva imagen, define, es una que usted diseña, sumando o sustituyendo las cualidades que hagan diferencias deseables.

La base de este concepto es la siguiente: la manera en que la gente se ve a sí misma influye en su comportamiento y, por ende, en los resultados de lo que realiza. Este hecho fue probado en diversos estudios; en uno de ellos se les decía a estudiantes secundarios que eran más inteligentes, y entonces estos obtenían mejores resultados que un grupo similar cuyos integrantes se veían a sí mismos como de segunda categoría.

Varias investigaciones sobre las competencias requeridas para afrontar con éxito posiciones de gran responsabilidad ubican el autoconcepto adecuado como uno de los requisitos previos más importantes para el éxito. Los números uno de distintas organizaciones suelen tener un autoconcepto elevado. Pero a veces caen en problemas por ser este demasiado elevado.

La autoimagen de una persona usualmente refleja sentimientos que se remontan a la infancia. El concepto de uno mismo se conforma durante los primeros años como fruto de:

- La estabilidad emocional de los vínculos primarios.
- Las valoraciones o los rechazos de los padres en interacciones cotidianas.
- El lugar/rol que uno ocupa en la familia ampliada (mayor, menor, etc.).
- Las experiencias tempranas de éxito o fracaso.
- Los propios autoconceptos y autodemandas de los padres.
- El nivel de exigencia resultante.

## M 77. Personalidad
**Autoconcepto y resultados**

Esa imagen puede persistir a pesar de que la educación, la experiencia y las habilidades adquiridas señalen otra cosa. Es factible que las percepciones negativas persistan a pesar del éxito y de la estima de otros. Un ejecutivo muy capaz puede verse a sí mismo como "algo incapaz" y esto a la vez puede limitar su rendimiento de tres maneras distintas:

a) Reduciendo directamente aspiraciones y motivaciones de carrera.

b) Actuando como motor pero barrera al mismo tiempo; o sea, el individuo se esfuerza el doble, pero al transmitir su propia inseguridad sus resultados se ven limitados.

c) Sobrecompensando su baja autoconfianza con comportamientos de autosuficiencia, lo cual puede generar aislamiento o rechazo.

Cuando uno tiene un autoconcepto funcional y acorde a las exigencias de su posición manifiesta:

- Firmeza en creencias, valores y principios; capacidad de imponer sus ideas; influencia en los demás.
- Confianza en su capacidad de resolver problemas y en la capacidad de los demás.
- Capacidad de trabajo en equipo, sin sentirse más ni menos que nadie.
- Optimismo con respecto al futuro.   ••▶ M 54 - pág. 146

Por el contrario, cuando el autoconcepto es bajo se puede observar:

- Autocrítica exagerada.
- Hipersensibilidad a la crítica.
- Indecisión.
- Deseo excesivo de complacer.
- Perfeccionismo excesivo.
- Pesimismo.   ••▶ M 54 - pág. 146
- Falta de ímpetu para imponer las propias ideas.

Remodelar la autoimagen no es posible para todas las personas. Algunos encuentran más difícil que otros superar las marcas del pasado, pero guías como las que figuran a continuación pueden ayudar:

1. Profundice en su autoimagen. Todos tenemos una, pero para algunos puede ser poco clara o subliminal. Puede surgir al responder la pregunta: ¿Cómo soy realmente?

## M 77. Personalidad
**Autoconcepto y resultados**

Una ayuda para esbozar su autoimagen es hacer una lista de cualidades necesarias para realizar su trabajo actual o deseado. Por ejemplo, capacidad para hablar en público, persuadir, evaluar personas, tratar gente, etc. Luego, califíquese en cada una de ellas usando una escala de uno a diez. De los valores obtenidos va a emerger un autorretrato revelador.

2. Sea realista. No es saludable ni productivo que usted esté detrás de una autoimagen de "Superman", ni que, por el contrario, conviva con un autoconcepto bajo. Un objetivo más razonable sería que logre desarrollar una imagen equilibrada de sí mismo, siendo consciente de que todas las personas tienen fortalezas y debilidades, aciertos y errores.

3. Busque el disparador real y actúe sobre él. Las exigencias del día a día tienden a producir algunas crisis emocionales (inseguridad) generadas por un bajo autoconcepto para enfrentar ciertas situaciones particulares y no otras (presentaciones, exposición ante el jefe, manejo de una determinada temática, etc.). Identifique cuáles son dichos disparadores y actúe sólo sobre ellos.

4. Use las contradicciones. Si es posible, focalícese en un aspecto de su autoimagen que esté lejos de su verdadera forma de ser. En su propio caso, ¿qué contradicciones encuentra entre cómo se ve y cómo lo ven los demás? ¿A que se debe dicha diferencia?

5. Preste atención a los momentos de verdad. Hay un punto en el cual su autoimagen es puesta a prueba. Sea consciente de ello para reafirmar su determinación. La tensión autoimpuesta debería funcionar en su favor, lo que es típico cuando uno moviliza la reacción de estrés de su cuerpo para una prueba.

La remodelación de la autoimagen funciona porque utiliza la realidad para contrarrestar los aspectos obsoletos e inadecuados de la imagen de uno mismo. Usted no se va a convertir en una persona diferente, pero puede cambiar sus comportamientos en la dirección que desee en algunos momentos en que lo necesite particularmente.

# Personalidad
## Cinco grandes factores

| |
|---|
| Estabilidad emocional |
| Extraversión |
| Apertura a la experiencia |
| Afabilidad |
| Escrupulosidad |

El modelo de los cinco grandes factores, que resulta de cierto consenso de los teóricos del rasgo, propone las siguientes dimensiones o categorías de rasgos de personalidad:

1. Estabilidad emocional (lo opuesto a neuroticismo).
2. Extraversión.
3. Apertura a la experiencia.
4. Afabilidad.
5. Escrupulosidad o conciencia.

En el Anexo transcribimos la tabla explicativa de dichos factores que figura en el libro de Lawrence A. Pervin titulado *La ciencia de la personalidad* (McGraw-Hill, 1998). En dicha tabla se ofrecen diversas observaciones para cada una de las cinco dimensiones de rasgos:

- En la columna central, titulada "escala de rasgos", se brinda una síntesis de qué se evalúa en la dimensión; o sea, que significa el rasgo.
- En las columnas de la izquierda y de la derecha se listan las características de puntaje alto y puntaje bajo, respectivamente, correspondientes a la dimensión.

En el marco de lo indicado en el módulo PERSONALIDAD – RASGOS en cuanto a las dimensiones de un modelo, podemos decir lo siguiente respecto de los cinco grandes factores:

- Cada dimensión constituye un continuo de una propiedad, en donde la persona es ubicable en un rango que va desde puntaje muy alto a puntaje muy bajo.
- Cada dimensión entraña dos *clusters*, uno de puntaje alto y otro de puntaje bajo, a los que se asignan diversas características.

## Cinco grandes factores

- Algunas de las características incluidas en cada *cluster* no implican, en términos generales, bueno o malo, ni mejor ni peor.

Para caracterizar los rasgos de personalidad de un individuo se puede emplear el instrumento o cuestionario denominado "Inventario NEO-PI" elaborado por Paul T. Costa y Robert R. McCrae. También puede utilizarse un instrumento más simple, el "MSQ – Cuestionario de estilo de la mente", que responde al modelo de los cinco grandes factores, pero con una terminología algo distinta. Este cuestionario figura en el Capítulo 5 del libro *Cómo dominar los cuestionarios de personalidad*, de Mark Parkison (Gestión 2000, 2005), que incluye la instrucción para el cómputo de los resultados y ciertas descripciones que facilitan su interpretación.

M 78. Personalidad
Cinco grandes factores

## ANEXO

## PERSONALIDAD - CINCO GRANDES FACTORES

| CARACTERÍSTICAS DE PUNTAJE ALTO[1] | ESCALAS DE RASGOS | CARACTERÍSTICAS DE PUNTAJE BAJO |
|---|---|---|
| Preocupado, nervioso, emotivo, inseguro, deficiente, hipocondríaco. | NEUROTICISMO (N)[2]: Evalúa la estabilidad vs. la inestabilidad emocional. Identifica a los individuos propensos a sufrimiento psicológico, ideas no realistas, antojos o urgencias excesivas y respuestas de afrontamiento no adaptativas. | Calmado, relajado, no emotivo, fuerte, seguro, presumido. |
| Sociable, activo, hablador, brillante, optimista, amante de la diversión, afectuoso. | EXTRAVERSIÓN (E): Evalúa la cantidad y la intensidad de la interacción entre personas; el nivel de actividad; la necesidad de estímulos, y la capacidad de disfrutar. | Reservado, sobrio, no exuberante, retraído, dedicado al trabajo, tímido, tranquilo. |
| Curioso, con muchos intereses, creativo, original, imaginativo, no tradicional. | ABIERTO A LA EXPERIENCIA (O): Evalúa la búsqueda y la valoración activas de la experiencia por sí mismo; tolerancia y exploración de lo desconocido. | Convencional, realista, con pocos intereses, no artístico, no analítico. |
| Bondadoso, generoso, confiado, servicial, indulgente, crédulo, sincero. | AFABILIDAD (A): Evalúa la cualidad de la propia orientación interpersonal a lo largo de un continuo desde la compasión a la rivalidad en pensamientos, sentimientos y acciones. | Cínico, grosero, suspicaz, no cooperativo, vengativo, manipulador, irritable. |
| Organizado, digno de confianza, trabajador, autodisciplinado, puntual, escrupuloso, limpio, ambicioso, perseverante. | CONSCIENTE (C): Evalúa el grado de organización del individuo, la perseverancia y la motivación en la conducta dirigida a un objetivo. Compara la gente responsable y exigente con aquellos que son distraídos y descuidados. | Sin propósito, no confiable, perezoso, descuidado, relajado, de voluntad débil, hedonista. |

---

1. Se trata de un "continuo" que para cada uno de los factores va de puntaje más bajo a puntaje más alto.
2. Como definición del mismo continuo, el concepto de neuroticismo es opuesto al de estabilidad emocional. Nótese que al optarse por el título neuroticismo se invierten las características de puntaje alto y bajo, en comparación con estabilidad emocional.

# Personalidad
## MIPS

- Metas motivacionales
- Modos cognitivos
- Conductas interpersonales

MIPS es la sigla de *Millon Index of Personality Styles* ("Inventario Millon de Estilos de Personalidad"). Este inventario tiene tres campos de escalas: el de las metas motivacionales, el de los modos cognitivos y el de las conductas interpersonales. A continuación se indican las escalas de cada campo.

- Metas motivacionales:
    - Apertura (al placer) vs. Preservación (contra el dolor).
    - Modificación (actividad) vs. Acomodación (pasividad).
    - Individualismo (uno mismo) vs. Protección (los demás).
- Modos cognitivos:
    - Extraversión vs. Introversión.
    - Sensación vs. Intuición.
    - Reflexión vs. Afectividad.
    - Sistematización vs. Innovación.
- Conductas interpersonales:
    - Retraimiento / Indiferencia vs. Comunicatividad / Gregarismo.
    - Vacilación / Inseguridad vs. Firmeza / Confianza.
    - Discrepancia / Originalidad vs. Conformismo / Acatamiento.
    - Sometimiento vs. Control / Dominación.
    - Insatisfacción / Descontento vs. Concordancia / Afinidad.

El campo de los modos cognitivos tiene bastante en común con el modelo de Myers-Briggs, pero en menor grado con respecto a la cuarta dimensión.

Fuente: Millon, Theodore. *Inventario Millon de estilos de personalidad*. Paidós, Buenos Aires, 1997.

# Personalidad
## Modelo de Oldham

| ESTILO | TRASTORNO |
|---|---|
| Vigilante | Paranoide |
| Solitario | Esquizoide |
| Idiosincrásico | Esquizotípico |
| Audaz | Antisocial |
| Vivaz | Límite |
| Teatral | Histriónico |
| Seguro de sí mismo | Narcisista |
| Sensible | Evitativo |
| Fiel | Dependiente |
| Concienzudo | Obsesivo-compulsivo |
| Cómodo | Pasivo-agresivo |
| Sacrificado | Derrotista |
| Agresivo | Sádico |

John M. Oldham y Louis B. Morris, en su interesante libro *Autorretrato de la personalidad* (Tikal, 1995), proponen que para cada trastorno de la personalidad cabe plantear un estilo personal en los términos siguientes: "Los trece trastornos son exageraciones de los trece estilos que coexisten, en mayor o menor grado, dentro de cada individuo".

Según dichos autores, los estilos llevados al extremo se convierten en trastornos. Los factores que juegan al respecto son:

- La inflexibilidad.
- La tendencia a la repetición.
- La falta de adaptabilidad y la incapacidad para dominar la tensión.

En el Capítulo 3 del libro citado, Oldham y Morris ofrecen un "Cuestionario para el autorretrato de la personalidad", que contiene 104 preguntas, cuyas respuestas determinan un puntaje para cada estilo. El cómputo lo puede hacer fácilmente la propia persona que contesta el cuestionario. Lo "agradable" del planteo es que uno puede vislumbrar cierto acercamiento a un trastorno de la personalidad con un puntaje de estilo personal, lo cual hace que el "diagnóstico" no se sienta tan amenazante.

# Personalidad
## Neurosis según Ketz de Vries

LIDERES ⟶ ORGANIZACIONES
NEURÓTICOS NEURÓTICAS

| |
|---|
| Paranoide |
| Compulsiva |
| Dramática |
| Depresiva |
| Esquizoide |

En su libro *La organización neurótica* (Apóstrofe, 1993), Manfred Kets de Vries y Danny Miller describen el liderazgo neurótico como aquel que es ejercido por una persona neurótica. Estos autores definen al neurótico como aquel que tiene un comportamiento aparentemente normal, pero con algunas necesidades insaciables de amor, cariño, aceptación, reconocimiento, poder, perfección, independencia y/u orden. Estas necesidades se presentan exacerbadas y desbordadas. Además, los neuróticos poseen las siguientes tres características:

- Son personas con un alto nivel de ansiedad.
- Son incapaces de ayudar a los demás, porque creen que sus problemas son más importantes y tienen prioridad.
- Consideran que las personas son instrumentos, o sea, medios para lograr sus metas.

Los autores sostienen que las relaciones entre los estilos patológicos de los líderes y sus colaboradores dan lugar a cinco tipos de organizaciones neuróticas. A continuación realizamos una breve descripción de cada una.

En la *organización paranoide* hay un constante esfuerzo por controlar y vigilar todos los sectores de la organización. Existe un estado de alerta constante y cualquier interacción con el medio ambiente es percibida como una amenaza. Existe un clima generalizado de desconfianza e hipervigilancia.

La *organización compulsiva* se encuentra aferrada a los rituales. Todos los detalles de todas las operaciones se encuentran planificados y puestos en práctica de forma preprogramada y rutinaria. Todo se desarrolla mediante procedimientos estándar bien establecidos y minuciosamente estructurados. Este tipo de organización se caracteriza por el perfeccionismo, la preocupación por los detalles y la insistencia en que los demás se sometan a esta única manera de hacer las cosas. Hay una fuerte influencia en los controles formales y los sistemas de información para asegurarse de que todo funcione como es debido.

**Neurosis según Ketz de Vries**

La *organización dramática* es hiperactiva e impulsiva. Las decisiones se toman sobre la base de corazonadas más que a través de hechos concretos. Existe una tendencia a lo dramático que hace que el poder esté centralizado en los niveles más altos y que estos se reserven la libertad de tomar decisiones arriesgadas sin consultar a nadie. Además, hay una exagerada expresión de emociones, una gran demanda de atención, una extremada idealización o devaluación de los demás y una incapacidad para concentrarse en la tarea.

La *organización depresiva* se caracteriza por la poca actividad, la tendencia conservadora y los controles burocráticos injustificados. Hay un ambiente de fuerte pasividad y falta de propósito. Predominan los siguientes sentimientos: la falta de confianza, la culpa, los autorreproches, el desamparo, la desesperanza y el pesimismo. Existe una creencia general de que se está a merced de los acontecimientos y hay una disminución de la capacidad de pensar con claridad. La acción está inhibida, lo único que llega a hacerse es aquello que ha sido programado y no exige una iniciativa especial.

En la *organización esquizoide* existe un vacío de liderazgo. Se percibe el mundo como un lugar hostil y predomina el supuesto de que la mayoría de los contactos puede terminar mal para ellos. Su líder se opone a la interacción para evitar los problemas. Esta situación genera "pseudo-liderazgos" en niveles inferiores. Todo esto provoca que no se desarrolle ninguna estrategia concertada e integrada y, por lo tanto, no emerge ningún sentido claro de dirección.

# Personalidad
## Rasgos

Módulo antecedente 75

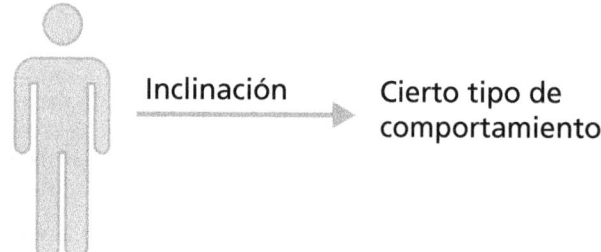

El rasgo de personalidad puede definirse como una tendencia distintiva a comportarse de cierta manera, tendencia que es consistente en el tiempo y ante distintas situaciones. En otras palabras, es la inclinación estructural a repetir patrones de conducta, más allá de los condicionamientos situacionales. Por ejemplo, si alguien se emociona a raíz de un acontecimiento muy conmovedor, este hecho por sí solo no justifica inferir que se trata de una persona emotiva. Sin embargo, si se emociona intensamente, con suma facilidad, en repetidas ocasiones y frente a sucesos disímiles, entonces sí cabe interpretar que posee tal rasgo.

El concepto de rasgo es distinto del comportamiento puntual de un sujeto en una situación dada. Una persona puede adoptar cierto comportamiento a raíz de las circunstancias, sin que ello refleje un rasgo; y viceversa, puede poseer un rasgo definido, pero en diversas ocasiones adoptar distintos comportamientos que no responden a ese rasgo de su personalidad.

El reconocimiento de los rasgos invita a la agrupación de aquellas personas que en líneas generales manifiestan tendencias comunes, sin negar, en absoluto, que cada individuo es diferente de otro. Se han desarrollado múltiples modelos de clasificación de personas en función de sus rasgos. A continuación hacemos referencia a dos de los más reconocidos, que están respaldados por importantes y valiosos trabajos de investigación.

M 78 - pág. 195
- El modelo de los cinco grandes factores, que resulta de cierto consenso de los teóricos del rasgo. Propone cinco categorías básicas de la personalidad humana: estabilidad emocional (lo opuesto a neuroticismo), extraversión, apertura a la experiencia, afabilidad o cordialidad y escrupulosidad.

M 76 - pág. 190
- El modelo de los 16 factores de la personalidad, que se abrevia con la sigla "16 PF" (*personality factors*), desarrollado por Raymond Cattell.

M 79 - pág. 198
Aunque no tiene el mismo grado de reconocimiento que los dos modelos referidos precedentemente, hacemos referencia también al MIPS, sigla de *Millon Index of*

## M 82. Personalidad
### Rasgos

*Personality Styles* ("Inventario Millon de estilos de personalidad"), desarrollado por Theodore Millon.

En el ámbito de las organizaciones se utilizan diversos modelos a los que se acostumbra denominar de "estilos personales", con un sentido aproximado al de rasgos de personalidad. El más aplicado y reconocido es el de Myers-Briggs, elaborado por Catherine Briggs y su hija Isabel Briggs Myers, sobre la base de los tipos psicológicos identificados por Carl Jung. Pero también se han usado y se continúan utilizando muchos otros modelos.

⚫⚫▶ M 39 - pág. 120
⚫⚫▶ M 43 - pág. 126

Claro está que el comportamiento de una persona depende no solo de sus rasgos de personalidad, sino también de otros factores internos (conocimientos, valores y creencias, inteligencia, estado de ánimo, etc.) y externos (el contexto).

⚫⚫▶ M 45 - pág. 129
⚫⚫▶ M 50 - pág. 139
⚫⚫▶ M 55 - pág. 148
⚫⚫▶ M 60 - pág. 156

Todos los modelos de rasgos o estilos comprenden ciertas dimensiones que caracterizan a la persona. Cada dimensión se puede presentar de dos maneras: como un continuo de una propiedad que refleja distintos grados de esta, o como un par de arquetipos opuestos. Por ejemplo, si la propiedad es *extraversión*, la persona es ubicable en un rango que va desde puntaje muy alto a puntaje muy bajo; o bien se parte de la distinción entre extravertido e introvertido, en donde también cabe medir la intensidad de cualquiera de los dos arquetipos opuestos. En sustancia, ambas maneras son similares, porque el puntaje bajo en el esquema del continuo viene a significar el opuesto respectivo. Por ejemplo, un puntaje bajo en el continuo de extraversión implica introversión.

Ya sea por la alternativa entre puntaje alto y bajo o por el planteo de los arquetipos opuestos, cada dimensión entraña dos *clusters* a los que se les asignan múltiples características. Por ejemplo, en el campo de la extraversión: orientado al mundo exterior, sociable, expresivo, etc.; y en el campo de la introversión: orientado al mundo interior, reservado, reflexivo, etc. Sin embargo, una persona no necesariamente posee todas las características correspondientes al *cluster* con el cual se lo identifica; por ejemplo, un introvertido puede ser una persona poco sociable, pero cuando está con gente es expresiva. Cuanto más se den en la persona las características de un mismo *cluster* significa que su rasgo o estilo es más marcado.

Muchas de las características que componen un *cluster* no implican, en términos generales, bueno o malo, ni mejor ni peor. Claro está que ciertas características son más favorables que otras para determinadas tareas o situaciones. Y también que características positivas empleadas indebidamente en circunstancias particulares pueden resultar negativas. Aquí cabe la expresión de que "la mayoría de nuestros defectos son exageraciones de nuestras virtudes". Todos los rasgos o estilos tienen sus fortalezas y debilidades, sus ventajas y desventajas o riesgos. Lo inteligente es aprovechar las fortalezas y minimizar el efecto negativo de las debilidades. De lo antedicho se desprende que el mayor beneficio de comprender los rasgos o estilos personales no es apresurar juicios de valor, sino darnos cuenta de que somos diferentes y que poseemos capacidades distintas, aceptándonos positivamente a nosotros mismos y aceptando a los demás.

# M 82

M 82. Personalidad
**Rasgos**

En general, un grupo compuesto por personas de distintos rasgos o estilos es más rico que uno compuesto por personas de un mismo rasgo o estilo. Sin embargo, las diferencias en determinada dimensión (por ejemplo, entre una persona conservadora y otra abierta a nuevas experiencias) suelen tender al conflicto, cuando una juzga a la otra sobre la base de sus propios parámetros –actitud bastante común–. Por ello, el arte de las relaciones interpersonales y del trabajo en equipo requiere mucho complemento entre "los diferentes", en lugar de caer en conflictos personales, a pesar de dicha tendencia al conflicto. Aquí es muy aplicable la máxima de "conócete a ti mismo y comprende a los demás".

Por último, es fundamental resaltar que los modelos de rasgos o estilos personales, como todos los modelos que intentan reflejar una realidad compleja, no son la realidad; solo constituyen una aproximación simplificada que ayuda a entenderla y a dialogar acerca de ella.

# Personalidad
## Trastornos

**M 83**

Módulo antecedente
**75**

| |
|---|
| 1. Paranoide |
| 2. Esquizoide |
| 3. Esquizotípico |
| 4. Antisocial |
| 5. Límite |
| 6. Histriónico |
| 7. Narcisista |
| 8. Evitativo |
| 9. Dependiente |
| 10. Obsesivo-compulsivo |

El *Manual de diagnóstico y estadístico de los trastornos mentales* de la Asociación Psiquiátrica Americana (texto revisado), representado por la sigla DSM-IV-TR, distingue los trastornos de la personalidad de otra clase de trastornos, como, entre otros:

- Delirium, demencia, trastornos amnésicos y otros trastornos cognitivos.
- Relacionados con sustancias (alcohol, alucinógenos, estupefacientes, etc.).
- Esquizofrenia y otros trastornos psicóticos.
- De estado de ánimo.
- Sexuales y de identidad sexual.
- De conducta alimentaria.
- Del sueño.

Los trastornos de la personalidad aparecen cuando los rasgos son inflexibles, no se adaptan adecuadamente y provocan importantes deterioros funcionales o un sufrimiento subjetivo. El mencionado manual establece una serie de criterios diagnósticos generales para identificar la existencia de un trastorno de personalidad:

M 82 - pág. 202

A. Un patrón permanente de experiencia interna y de comportamiento que se aparta acusadamente de las expectativas de la cultura del sujeto. Este patrón se manifiesta en dos (o más) de las áreas siguientes:

1) cognición (p. ej., formas de percibir e interpretarse a uno mismo, a los demás y a los acontecimientos);

2) afectividad (p. ej., la gama, intensidad, labilidad y adecuación de la respuesta emocional);

3) actividad interpersonal;

4) control de los impulsos.

B. Este patrón persistente es inflexible y se extiende a una amplia gama de situaciones personales y sociales.

C. Este patrón persistente provoca malestar clínicamente significativo o deterioro social, laboral o de otras áreas importantes de la actividad del individuo.

D. El patrón es estable y de larga duración, y su inicio se remonta al menos a la adolescencia o al principio de la edad adulta.

E. El patrón persistente no es atribuible a una manifestación o a una consecuencia de otro trastorno mental.

F. El patrón persistente no es debido a los efectos fisiológicos directos de una sustancia (p. ej., una droga, un medicamento) ni una enfermedad médica (p. ej., traumatismo craneal).

A continuación indicamos los trastornos de la personalidad enunciados por el referido DSM-IV-TR, con una brevísima descripción de cada uno de ellos basada en este manual:

1. *Paranoide*. Desconfianza y suspicacia general de forma que las intenciones de los demás son interpretadas como maliciosas.
2. *Esquizoide*. Distanciamiento de las relaciones sociales y de restricción de la expresión emocional en el plano interpersonal.
3. *Esquizotípico*. Déficits sociales e interpersonales asociados a malestar agudo y capacidad reducida para las relaciones personales, así como distorsiones cognoscitivas o perceptivas y excentricidades del comportamiento.
4. *Antisocial*. Desprecio y violación de los derechos de los demás.
5. *Límite*. Inestabilidad en las relaciones interpersonales, la autoimagen y la efectividad, y notable impulsividad.
6. *Histriónico*. Excesiva emotividad y búsqueda de atención.
7. *Narcisista*. Grandiosidad (en la imaginación o en el comportamiento), necesidad de admiración y falta de empatía.
8. *Evitativo*. Inhibición social, sentimientos de incapacidad e hipersensibilidad a la evaluación negativa.
9. *Dependiente*. Necesidad general y excesiva de que se ocupen de uno, que ocasiona un comportamiento de sumisión y adhesión y temores de separación.
10. *Obsesivo-compulsivo*. Preocupación por el orden, el perfeccionismo y el control mental e interpersonal, a expensas de la flexibilidad, la espontaneidad y la eficiencia.

# Problemas

M 84

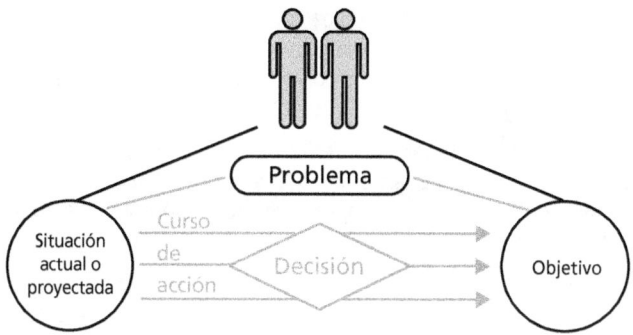

En sentido amplio, un "problema" es una brecha entre una situación actual o proyectada y un objetivo. Se entiende por situación proyectada aquella que puede llegar a ocurrir con independencia del objetivo. Este puede ser un resultado, un atributo o una situación deseada, para alcanzar la cual se pretende ejercer alguna acción consecuente.

Dentro de los problemas, cabe distinguir:

1. El problema "negativo", cuando la situación actual no satisface el objetivo prefijado.
2. El problema "potencial", cuando la situación proyectada puede ser insatisfactoria.
3. El problema "de implementación", cuando ya se ha fijado un objetivo, y no necesariamente se observa un problema negativo o potencial, pero es preciso definir cómo se va a concretar dicho objetivo.
4. El "aprovechamiento de oportunidades", cuando a partir de un objetivo general (explícito o implícito), y generalmente a raíz de nueva información, se plantea la posibilidad de desarrollar nuevos objetivos. En este caso, de todos modos, se genera una brecha entre la situación actual o proyectada y el objetivo, lo cual equivale a un problema.

Cabe aclarar que en las problemáticas reales dicha tipología no se da en forma pura. Suele ocurrir que se combinen o mezclen dos o más tipos de problemas. Sin embargo, la clasificación indicada es válida y útil a los fines metodológicos y sirve para ilustrar el alcance bien amplio que le otorgamos al concepto de problema.

La resolución de problemas implica un proceso en el cual, en general, es conveniente aplicar cierta metodología, que comprende tres etapas:

1. El examen de la problemática, que parte de un planteo preliminar y culmina con la especificación del problema o problemas a resolver.

2. El desarrollo de cursos de acción, que a su vez comprende tres pasos; la concepción de posibles cursos de acción, su evaluación y la elección del curso de acción a seguir. Esta elección constituye la decisión central de proceso, si bien se toman muchas otras decisiones a lo largo del mismo.

3. La implementación, que debe tomar en cuenta la resolución de cuestiones específicas (quién, cómo, con qué, cuánto, cuándo y dónde), la comunicación pertinente, la gestión del cambio en el comportamiento perseguido y la adopción de medidas de control para monitorear la implementación.

En un sentido lato, dicho proceso de resolución de problemas equivale a un proceso de toma de decisiones, dado que ambos configuran un mismo fenómeno. En efecto, la resolución de cualquier problema requiere la toma de decisiones; y, viceversa, toda decisión implica necesariamente la existencia previa de un problema a resolver. Por ello, hemos adoptado la sigla RP/TD para representar dicho proceso. En el libro de la Colección "Management en Módulos" titulado *La toma de decisiones. Principios, procesos y aplicaciones* (Ediciones Granica, 2013) desarrollamos conceptos y técnicas aplicables a tal proceso de resolución de problemas / toma de decisiones, que convencionalmente sintetizamos con la sigla RP/TD.

Muchos problemas corresponden a comportamientos inadecuados o debilidades personales. En los módulos siguientes trataremos ciertos prototipos al respecto. A su vez, estos prototipos plantean la conveniencia de un cambio en el comportamiento, el cual implica necesariamente un proceso de resolución de problemas o toma de decisiones.

# Problemas
## Análisis según Fournies

1. Problemas del saber
2. Problemas del querer
3. Problemas del poder

En el libro *Por qué los empleados no hacen lo que se supone que deben hacer y qué hacer para corregirlo* (McGraw-Hill, 1991) Ferdinand Fournies cita las razones por las cuales los colaboradores no hacen lo que se les pide que hagan. El autor sostiene que el incumplimiento de los colaboradores se debe en gran medida a una gestión deficiente. Por lo tanto, si los gerentes toman las medidas necesarias para que desaparezcan las causas del incumplimiento, el resultado será un desempeño adecuado.

Fournies enfatiza la importancia de la gerencia preventiva por oposición al control de los problemas mediante una reacción para resolverlos. Las razones pueden ser divididas en tres áreas: los problemas del saber, los problemas del querer y los problemas del poder. A continuación se enumeran los diversos tipos de razones y se describe brevemente, en cada caso, las intervenciones específicas que los gerentes pueden adoptar para evitar que existan.

Problemas del saber (se refiere a **competencias**):

1. No saben por qué deberían hacerlo. No parece importarles, porque no saben el motivo por el cual deberían hacer el trabajo. Para prevenirlo es necesario ofrecerles una perspectiva más amplia y si es posible buscar la relación entre la tarea y la persona.

2. No saben cómo hacerlo. Suele confundirse el hecho de presentar la tarea con enseñarla. Es clave asegurarse que los colaboradores conocen la forma de trabajar y no presuponerlo. Para ello, se puede elaborar manuales detallados, procedimientos estándar y hacer pruebas a los colaboradores para asegurarse que saben hacer lo que se espera de ellos.

3. No saben qué es lo que se supone que deben hacer. La forma más sencilla de mejorar el rendimiento es detallar la tarea de una manera explícita, siendo muy específico y corroborar si han entendido.

M 85. Problemas
**Análisis según Fournies**

4. Piensan que los métodos de usted no darán resultado. Por lo general, no es suficiente exponer sus métodos, es necesario ofrecer pruebas y dialogar al respecto.

5. Piensan que los métodos de ellos son mejores. Las personas inteligentes muchas veces piensan cosas equivocadas y muchas veces la innovación es una pérdida de tiempo o un fracaso. La sugerencia es impedir que inventen el fracaso.

6. Piensan que hay algo más importante que hacer antes. Resulta muy costoso trabajar en cosas indebidas, por lo tanto es importante asegurarse de que sus colaboradores conozcan las prioridades.

7. Piensan que ya lo están haciendo. Una vez que lo han hecho mal, es demasiado tarde para decírselo; dé feedback para prevenir los futuros fracasos.

M 56 - pág. 150

M 65 - pág. 167
M 68 - pág. 174

Problemas del querer (se refiere a motivación y al condicionamiento operante, especialmente):

8. Para ellos no hay ninguna consecuencia positiva por hacerlo. Las personas se motivan por las recompensas, pero en general los gerentes no recurren a ellas suficientemente. Use recompensas (económicas y no económicas) para asegurar el rendimiento de la gente.

9. Reciben una recompensa por no hacerlo. Muchas veces sucede que los gerentes recompensan la omisión de la tarea sin darse cuenta. Es necesario revisar el enfoque.

10. Reciben un castigo por hacer lo que se supone que deben hacer. Los gerentes lo hacen involuntariamente; es importante comprender el punto de vista de los empleados en lo referente al castigo. Por ejemplo, a aquellas personas que trabajan bien se les da más cantidad de trabajo porque lo realizan eficientemente.

11. Anticipan una consecuencia negativa por hacerlo. Aquí es importante comprender lo que ellos esperan y enviar los mensajes adecuados.

12. No hay ninguna consecuencia negativa por su bajo rendimiento. Es importante diseñar medidas correctivas antes de sancionar; y si es pertinente, debe aplicar sanciones.

Problemas del poder:

13. Los obstáculos están fuera del control de los empleados. La sugerencia es ayudar a eliminar esos obstáculos.

**Análisis según Fournies**

14. Las limitaciones personales de los empleados obstaculizan su rendimiento. Debe evitar la clasificación errónea de los empleados y enfrentarse a las limitaciones permanentes o temporales.
15. Problemas personales. Es importante evitar que los problemas de cada uno afecten el rendimiento; un bache temporal puede y debe admitirse, pero otros no.
16. Nadie pudo hacerlo. Existe una falta de comprensión del problema por parte de los gerentes y es necesario descubrir las alternativas.

# Problemas
## Barreras defensivas o "RICs"

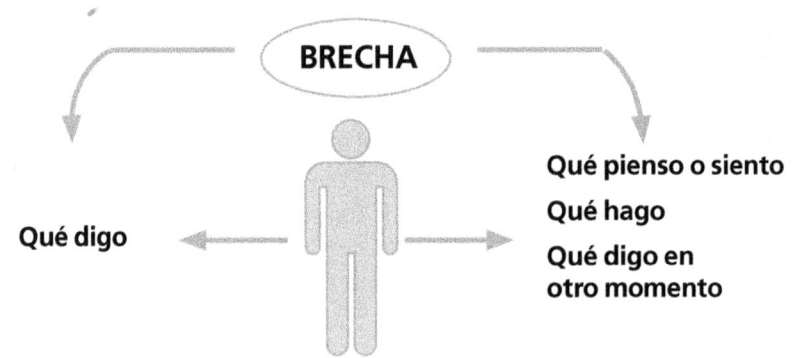

Se ha dado en llamar "barrera defensiva" a un ocultamiento deliberado de información o a cualquier otra manera intencional de limitar la comunicación. A estos bloqueos también se los designa como "rutinas defensivas". Nosotros preferimos denominarlos "restricciones intencionales de la comunicación" ("RIC"). En general, una RIC consiste en una brecha entre:

- lo que se dice o no se dice, en un momento dado, y
- lo que se piensa o siente, se hace o se dice en otro momento.

Sin embargo, si dos expresiones distintas responden a un cambio genuino en el pensar o sentir, ello de por sí no configura una RIC.

Las RICs incluyen ciertos comportamientos típicos:

- Ocultar sentimientos, errores, pensamientos críticos u otra información.
- Generar ambigüedad: no ser específico cuando corresponde hacerlo, eludir una cuestión que debería encararse, entorpecer el proceso de comunicación (por ejemplo, con un chiste que desvía indebidamente la atención), etc.
- Hablar "en otra parte". Por ejemplo, en una reunión no plantear un desacuerdo, pero hacerlo más tarde "en el pasillo" o en otro lugar inadecuado.

Un sujeto puede tener muy diversos motivos para realizar una RIC. Ciertos motivos toman en cuenta el efecto de la comunicación sobre otras personas: proteger la imagen ajena, respetar confidencialidad, mantener discreción, no causar malestar, evitar conflictos, esperar una oportunidad más favorable, etc. Otros motivos, en cambio, radican en la consecuencias para el propio sujeto: proteger la propia imagen, eludir reacciones contraproducentes del otro para con uno, evitar riesgos o cambios no deseados, conservar o desarrollar poder, proteger intereses, lograr objetivos ocultos, mantener control sobre el proceso de comunicación, aparentar participación, etc. Una sola RIC puede responder a varios motivos a la vez.

## M 86. Problemas
**Barreras defensivas o "RICs"**

Ciertos motivos de una RIC pueden ser loables, pero otros no. Además, en el ámbito de las organizaciones, cabe que un motivo personal sea bien intencionado y que, sin embargo, no sea conveniente para la organización. Por ejemplo, no plantear un problema a fin de no perjudicar a un compañero, en tanto que para la organización sería provechoso encarar la cuestión.

En muchas ocasiones, una RIC implica que el emisor no asume su responsabilidad correspondiente. Esto puede incluir lo siguiente:

- Hacerse el desentendido de la responsabilidad propia.
- Atribuir la responsabilidad o culpa a otro.
- Manifestar escepticismo. Por ejemplo, frente a una propuesta razonable de acción positiva, decir "en esta organización es inútil intentar nada".
- Tomar los compromisos a la ligera. En el párrafo siguiente hacemos un comentario acerca de las condiciones para asumir un compromiso.

Si se asume un compromiso, deben darse ciertas condiciones específicas (intención de cumplir y otras) y luego honrarse el compromiso, salvo casos de fuerza mayor. En las organizaciones es común que una persona dé a entender que asume un compromiso, pero desde el comienzo piensa que habrá de cumplirlo o no, según su conveniencia, conforme se desenvuelvan los acontecimientos posteriores. Por ejemplo, prometer realizar una tarea (compromiso explícito), que llevará a cabo siempre y cuando no aparezca algo más urgente o importante para él (condición no explícita), o bien acordar una cita para después cancelarla si surge algo más interesante.

Los motivos de las RICs, referidos precedentemente suelen radicar en factores subyacentes, como ser:

- Características personales del sujeto (por ejemplo, inseguridad) o percepciones de este acerca de su interlocutor (por ejemplo, desconfianza).
- Relación entre el sujeto y su interlocutor (por ejemplo, una historia de permanentes conflictos).
- Condiciones de la organización u otros factores del entorno (por ejemplo, una cultura jerárquica y represiva).

Las RICs pueden tener consecuencias contraproducentes para la organización: ineficiencia, decisiones inferiores, desempeño insatisfactorio, sentimientos negativos, estrés, problemas de trabajo en equipo, no solución del conflicto, debilitamiento de las relaciones, limitación del aprendizaje. Conforme señalamos más arriba, muchas veces las RICs se justifican individualmente, pero aún así pueden ser disfuncionales para la organización.

En general, las personas perciben las RICs ajenas más fácilmente que las propias. No obstante, suelen aparentar que las ajenas no se perciben.

M 86. Problemas
**Barreras defensivas o "RICs"**

Se reconoce la existencia de las RICs en términos generales. Se aceptan como inevitables o naturales. Sin embargo, no es común plantearlas o discutirlas específicamente. Aún más, el intento de hacerlo puede aumentarlas, en lugar de disminuirlas.

Las RICs son inherentes a la naturaleza humana. Resultan inevitables. No podríamos vivir sin ellas. Y las organizaciones no escapan de esta regla general. Por lo tanto, no es cuestión de eliminarlas. Se trata de reducirlas para evitar sus consecuencias más perniciosas. Nuestra experiencia nos indica que constituyen un fenómeno bastante arraigado en las organizaciones, en mayor o menor grado. Es muy importante el análisis de sus causas y consecuencias, y de las medidas que pueden tomarse para intentar reducirlas.

Para profundizar el tema, recomendamos los siguientes libros:

- *Cómo vencer las barreras organizativas* (Díaz de Santos, 1993) y *Conocimiento para la acción* (Ediciones Granica, 1999), ambos de Chris Argyris.
- *Metamanagement*, de Fredy Kofman (Ediciones Granica, 2001), Capítulo 7.

# Problemas
## Comportamientos disfuncionales de los gerentes

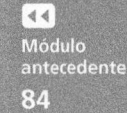
Módulo antecedente
84

---

En el Anexo de este módulo figura una encuesta que venimos haciendo en seminarios y otras situaciones, en la cual pedimos a cada participante que identifique los tipos de comportamiento que considera más comunes o habituales en su organización, a partir de un listado que comprende 55 tipos de comportamientos disfuncionales de los gerentes.

Según los resultados de la encuesta, los 12 tipos de comportamientos más comunes o habituales son los siguientes (ordenados alfabéticamente dentro de cada categoría):

A. Comportamientos que se refieren principalmente a la relación del gerente con sus colaboradores:

    13. Coaching a los colaboradores – DEFICIENCIA.     ••▶    M 24 - pág. 78

    20. Delegación – DEFICIENCIA.

    22. Desmotivación de los demás (comportamientos que la generan).   ••▶    M 65 - pág. 167

    26. Evaluación de los colaboradores – DEFICIENCIA.

    27. Feedback a los colaboradores – DEFICIENCIA.   ••▶    M 56 - pág. 150

    46. Recompensas a los colaboradores – DEFICIENCIA o INJUSTICIA.

B. Comportamientos que tienen más que ver con las relaciones interpersonales en general (estos resultados concuerdan plenamente con nuestra opinión basada en la experiencia personal):

    10. Barreras defensivas – EXCESO.   ••▶    M 86 - pág. 212

    16. Comunicación oral – DEFICIENCIA.

    51. Trabajo en equipo – DEFICIENCIA.

C. Otros comportamientos:

    2. Administración del tiempo – DEFICIENCIA.   ••▶    M 17 - pág. 60

## M 87. Problemas
**Comportamientos disfuncionales de los gerentes**

M 66 - pág. 169

12. Calidad de vida – Falta de equilibrio entre trabajo y vida personal / "adicto al trabajo" – DEFICIENCIA.

37. Orientación a resultados – FALTA.

Los comportamientos indicados en A corresponden en gran medida a lo que hemos denominado "las funciones del liderazgo gerencial en torno a la tarea de los colaboradores". Aquí nos remitimos a la sección IV del Capítulo 6 de *El cambio del comportamiento en el trabajo* de Santiago Lazzati (Ediciones Granica, 2008). Al respecto, cabe tener en cuenta que, entre los encuestados, eran muchos más los pertenecientes a los mandos medios que a la alta gerencia, lo cual hace pensar que probablemente predominó lo que más afecta al encuestado: el jefe que tiene o tuvo y sus carencias vis a vis las expectativas del colaborador.

El párrafo precedente está vinculado con la brecha que suele observarse entre dos percepciones distintas: la de los colaboradores y la del propio gerente, en cuanto al estilo de este y su relación con ellos. No es extraño que el gerente tenga una idea más o menos distorsionada acerca de lo que piensan y sienten sus colaboradores. Aquí juegan las limitaciones que puede haber en la comunicación entre actores que tienen distinto poder relativo, debido a la influencia de la jerarquía, más allá del estilo del gerente. Y, aunque el gerente esté más acertado en sus juicios que los colaboradores, su liderazgo (capacidad de influencia personal) dependerá, en mayor o menor grado, de lo que ellos perciban, con independencia de que estén equivocados. Esta cuestión se profundiza en la sección III.C. titulada "Percepción y valoración de jefes y colaboradores" del Capítulo 7 de la obra citada más arriba.

El listado del Anexo puede también ser utilizado por cualquier gerente que quiera analizar su comportamiento como tal, a fin de identificar sus fortalezas y debilidades o aspectos a mejorar. Tomando en cuenta lo dicho en el apartado inmediato anterior, el gerente puede pedir feedback a los colaboradores, en tanto haya confianza mutua para hacerlo. En materia de comunicación, esta significa confiar no solo en la información que se recibe, sino también en el uso adecuado que el otro habrá de hacer de la información que se le proporciona. En este segundo aspecto, es fundamental la predisposición del colaborador, que tiende a estar condicionada por su experiencia previa con el jefe.

Comportamientos disfuncionales de los gerentes

## ANEXO
## ENCUESTA SOBRE COMPORTAMIENTOS DISFUNCIONALES DE LOS GERENTES

### Respuesta individual

A continuación figura un listado de comportamientos disfuncionales que puede tener un gerente como tal (*). Le pedimos que de dicho listado identifique los siete tipos de comportamiento que considera más comunes o habituales en su organización. Elabore esta identificación basado en su experiencia con gerentes, ya sea jefes que tiene o ha tenido, gerentes que reportan o han reportado a usted, o cualquier otro gerente cuyo comportamiento ha podido observar. Para ello, coloque una marca en el casillero respectivo de la columna de la derecha habilitada al efecto.

| | COMPORTAMIENTOS DISFUNCIONALES | LOS SIETE MÁS COMUNES |
|---|---|---|
| 1. | Adaptación del comportamiento a la situación / versatilidad – FALTA | |
| 2. | Administración del tiempo – DEFICIENCIA | |
| 3. | Apoyo a los colaboradores en sus problemas de trabajo y personales – DEFICIENCIA | |
| 4. | Asertividad – FALTA | |
| 5. | Autoaprendizaje / autodesarrollo – FALTA | |
| 6. | Autoconocimiento – FALTA o SOBREVALORACIÓN | |
| 7. | Autocontrol – FALTA | |
| 8. | Autoestima baja / confianza en sí mismo | |
| 9. | Autoritarismo / falta de participación a los demás | |
| 10. | Barreras defensivas (**) – EXCESO | |
| 11. | Búsqueda de la excelencia – FALTA | |

---

(*) En esta encuesta entendemos el término "gerente" en un sentido bien amplio: gerente es quien tiene a su cargo un área de responsabilidad, desde toda la organización tomada en conjunto hasta un pequeño sector o proyecto, y que, para ejercer su responsabilidad, también tiene a su cargo ciertas personas; vale decir que es responsable del desempeño de su gente.

(**) Se ha dado en llamar "barrera defensiva" a un ocultamiento deliberado de información o a cualquier otra manera intencional de limitar la comunicación. En general, consiste en una brecha entre lo que se dice y lo que se piensa o siente, hace o dice en otro momento.

## M 87. Problemas
### Comportamientos disfuncionales de los gerentes

| | |
|---|---|
| 12. | Calidad de vida – Falta de equilibrio entre trabajo y vida personal / "adicto al trabajo" |
| 13. | Coaching a los colaboradores - DEFICIENCIA |
| 14. | Compromiso / motivación – FALTA |
| 15. | Comunicación escrita – DEFICIENCIA |
| 16. | Comunicación oral – DEFICIENCIA |
| 17. | Conflicto (manejo) – DEFICIENCIA |
| 18. | Conocimientos de management y comportamiento humano – FALTA |
| 19. | Control de las actividades de su AR – DEFICIENCIA |
| 20. | Delegación – DEFICIENCIA |
| 21. | Descortesía, agresividad o falta de respeto con los demás |
| 22. | Desmotivación de los demás (comportamientos que la generan) |
| 23. | Distanciamiento de la gente (dificultad de acceso, trato impersonal, etc.) |
| 24. | Empatía – FALTA |
| 25. | Escucha – DEFICIENCIA |
| 26. | Evaluación de los colaboradores – DEFICIENCIA |
| 27. | Feedback a los colaboradores – DEFICIENCIA |
| 28. | Gestión del cambio de la estructura y los sistemas de su AR – DEFICIENCIA |
| 29. | Inestabilidad emocional |
| 30. | Influencia sobre los demás por medio de la atracción personal y la persuasión – FALTA |
| 31. | Iniciativa – FALTA |
| 32. | Innovación – FALTA |
| 33. | Instrucción de objetivos y tareas a los colaboradores – DEFICIENCIA |
| 34. | Intolerancia al error |
| 35. | Irresponsabilidad / falta de disciplina |
| 36. | Logro / esfuerzo – FALTA |
| 37. | Orientación a resultados – FALTA |
| 38. | Orientación / servicio al cliente – FALTA |
| 39. | Pesimismo |

## Comportamientos disfuncionales de los gerentes

| 40. | Planeamiento de las actividades de su AR – DEFICIENCIA | |
|---|---|---|
| 41. | Planeamiento estratégico de su AR – DEFICIENCIA | |
| 42. | Poder – ABUSO | |
| 43. | Prioridades – DESCUIDO | |
| 44. | Procastinación (postergación de acciones) | |
| 45. | Receptividad / apertura mental – FALTA | |
| 46. | Recompensas a los colaboradores – DEFICIENCIA O INJUSTICIA | |
| 47. | Reuniones (planeamiento y conducción) – DEFICIENCIA | |
| 48. | Rigidez | |
| 49. | Salud – problemas de estrés | |
| 50. | Toma de decisiones – aversión al riesgo / parálisis por el análisis | |
| 51. | Trabajo en equipo – deficiencia | |
| 52. | Valores morales (honestidad, sinceridad, equidad, etc.) – FALTA | |
| 53. | Valores y creencias incompatibles con la organización | |
| 54. | Vínculos / network – FALTA | |
| 55. | Vocación – FALTA (para las tareas asignadas) | |

# Problemas
## Creencias irracionales según Ellis

| | |
|---|---|
| Uno mismo | Debo hacer las cosas bien y ser digno de la aprobación de los demás por mis acciones |
| Los demás | Deben actuar de forma agradable, teniendo en cuenta mis sentimientos, y ser justos |
| La vida o el mundo | Debe ofrecerme condiciones buenas y fáciles para que pueda conseguir lo que quiero sin mucho esfuerzo y con comodidad |

Albert Ellis, uno de los fundadores de la psicología cognitiva, desarrolla la hipótesis de que no son los hechos en sí los que generan las emociones, sino la interpretación que hacemos de ellos. Las emociones, el pensamiento y nuestra conducta se influyen mutuamente, de manera que sean coherentes para la persona. Por ejemplo, si desde pequeños hemos adquirido ciertos hábitos (conductas), lo usual es que interpretemos que son adecuados (pensamientos) y nos sintamos bien llevándolos a cabo (emociones).

El postulado principal es que en la medida en que podemos cambiar nuestros pensamientos o ideas (con o sin ayuda de un terapeuta), somos capaces de generar nuevas conductas y estados emocionales menos dolorosos, más racionales y más acordes con la realidad.

Ellis describe doce ideas irracionales típicas que suelen ser la causa de las perturbaciones emocionales. Estas son de carácter absoluto y dogmático, categóricas, del tipo todo o nada, siempre o nunca y se manifiestan en forma de exigencia: "debería…", "tengo que…", "estoy obligado a…". A continuación las listamos:

| | IDEA IRRACIONAL | IDEA RACIONAL |
|---|---|---|
| 1 | Es una necesidad imperiosa de ser amado y aprobado por cada persona significativa de nuestro entorno por todas nuestras acciones. | Es importante concentrarse en el propio respeto, en buscar aprobación con fines prácticos y en amar en vez de ser amado. |
| 2 | Siempre se debe ser absolutamente competente, inteligente y ambicioso en todos los aspectos. | Se puede hacer las cosas algunas veces mal, aceptarse como persona imperfecta con ciertas limitaciones. |
| 3 | Algunos actos son horribles o perversos, por lo que los demás deben rechazar y castigar a las personas que los cometen. | Ciertos actos son autodefensivos o inadecuados y las personas que los realizan se comportan de manera ignorante o antisocial y sería mejor que recibieran ayuda. |

M 88. Problemas
## Creencias irracionales según Ellis

| 4 | Es terrible que las cosas no funcionen como a uno le gustaría, y no se puede hacer nada al respecto. | Lo mejor es tratar de modificar o de controlar las condiciones para que se vuelvan más satisfactorias y, si esto no es posible, aceptar que simplemente algunas cosas se dan así. |
|---|---|---|
| 5 | La desgracia y el malestar humano están provocados por las circunstancias externas, y las personas no tienen capacidad para controlar sus emociones. | Las perturbaciones emocionales son causadas en su mayoría por el punto de vista que tomamos con respecto a condiciones desafortunadas. |
| 6 | Si algo puede ser peligroso, debemos sentirnos terriblemente inquietos por eso y pensar constantemente en la posibilidad de que lo peor ocurra, para estar preparados. | Es importante hacerle frente a lo que parece peligroso e intentar volverlo inofensivo; y, si no es posible, aceptar lo que es inevitable. |
| 7 | Es más fácil evitar las responsabilidades y dificultades de la vida que hacerles frente. | Si "nos dejamos estar" a la larga es mucho más difícil hacerle frente a las situaciones evitadas. |
| 8 | Debemos depender de los demás o necesitamos a alguien más fuerte y más grande en quien confiar. | Es importante asumir los riesgos que implica el pensar y actuar de forma independiente. |
| 9 | Lo que ocurrió en el pasado seguirá afectándome toda la vida. | Uno puede aprender de las experiencias pasadas sin estar atado o dañado por ellas. |
| 10 | Debemos tener un control preciso y perfecto sobre las cosas. | El mundo está lleno de probabilidades, azar y cambios, y aún así podemos disfrutar de la vida. |
| 11 | La felicidad humana puede lograrse a través de la inercia, la pereza y la inactividad. | Somos felices cuando estamos inmersos en actividades creativas o cuando participamos en proyectos que nos trascienden. |
| 12 | No tenemos control sobre nuestras emociones y no podemos evitar sentirnos mal. | Poseemos cierto control real sobre nuestras emociones y sentimientos. |

Estas creencias irracionales básicas fueron sintetizadas posteriormente por Ellis en tres creencias principales, cada una de las cuales se refiere a un área distinta (uno mismo, los demás y el mundo) pero tienen una estrecha relación entre sí:

- Con relación a uno mismo: debo hacer las cosas bien y ser digno de la aprobación de los demás por mis acciones.

## M 88. Problemas
### Creencias irracionales según Ellis

- Con respecto a los demás: deben actuar de forma agradable, teniendo en cuenta mis sentimientos, y ser justos.
- Sobre la vida o el mundo: debe ofrecerme condiciones buenas y fáciles para que pueda conseguir lo que quiero sin mucho esfuerzo y con comodidad.

Estas ideas implican una obligación mental y, al no lograrse lo que postulan, pueden generar frustración, sufrimiento, aislamiento y diversas patologías. Las emociones que surgen de estas creencias irracionales pueden influir negativamente en la fijación y en el logro de metas a corto, mediano y largo plazo.

Para combatir estas creencias es importante remplazarlas por las alternativas racionales. Algunas preguntas que pueden ayudar a la persona a sustituir las creencias irracionales son las siguientes:

- ¿Qué es lo peor que puede sucederle si abandona esta creencia?
- ¿Qué es lo mejor que puede sucederle?
- ¿Hay suficiente evidencia que apoye esta creencia?
- ¿Hay evidencia en contra de esta creencia?

# Problemas
## Debilidades basadas en fortalezas

| DUALIDADES | |
|---|---|
| Estratégico | Operativo |
| Directivo | Facilitador |

OTRAS
Tendencia común
← O →
Versatilidad

La mayoría de los procesos de desarrollo personal incluyen, de una forma u otra, la identificación de "fortalezas" y "debilidades" (u otros conceptos más o menos equivalentes) como marco para focalizar los aspectos a mejorar o desarrollar, y sobre esta base encarar el plan de acción consecuente. Esto es aplicable en diversas oportunidades: a partir de una evaluación de desempeño, como parte de un proceso de transferencia de la capacitación al trabajo, en el coaching, etc. En este orden cabe un fenómeno paradójico que suele no tenerse debidamente en cuenta: las propias fortalezas pueden implicar debilidades, adicionales a las identificadas específicamente como tales. El fenómeno se puede dar por dos razones:

1. En algunas situaciones, la sobreutilización de la fortaleza tiende a ser contraproducente.

2. Ciertas fortalezas corresponden a un estilo que cabe ubicar en una dimensión o "dualidad", que comprende dos lados opuestos, cuya efectividad depende de la situación. Y existe la tendencia a que la persona inclinada a uno de los dos lados descuide o incluso desvalorice el lado opuesto.

Con relación a la cuestión indicada en 1, cabe destacar un concepto: en ciertas circunstancias, muchos de nuestros defectos son exageraciones de nuestras virtudes. Por ejemplo:

- Una persona muy afable suele poseer atributos valiosos, pero en determinada situación tal vez tenga dificultad para adoptar un comportamiento "duro" con otra persona, a pesar de que este comportamiento es el aconsejable en la situación.

- En general, es conveniente que una persona sea asertiva. Pero no es extraño que su asertividad se convierta en agresividad o sea percibida como tal.

Al respecto citamos el párrafo siguiente extraído del libro *La inteligencia emocional aplicada a los recursos humanos*, de Alejandra Laura Figini (Macchi, 2002).

## M 89. Problemas
**Debilidades basadas en fortalezas**

"Según Aristóteles, existen dos tipos de defectos: los defectos por oposición a una virtud (ejemplo: ordenado/desordenado) y los defectos por exceso de una virtud (ejemplo: ordenado/obsesivo). Los primeros (por oposición) no se encuentran en una misma persona, ¡nadie puede ser ordenado y desordenado al mismo tiempo!"

Con relación al tema indicado en 2, Robert E. Kaplan y Robert B. Kaiser, en su excelente libro *Fear Your Strengths* (Barrett-Koehler, 2013) identifican dos dualidades principales: estratégico-operativo, por un lado, y directivo ("forceful") - facilitador ("enabling"), por el otro, y señalan lo siguiente:

- Las virtudes del lado estratégico son fijar el rumbo, promover el crecimiento y liderar la innovación. Sus vicios o peligros: tener la cabeza en las nubes, pretender más de lo que se puede o impulsar un cambio inconveniente. Las virtudes del lado operativo son: capacidad de ejecución, eficiencia y orden; sus vicios o peligros: visión de túnel, ser demasiado restrictivo (especialmente con los costos) o rigidez en los procesos.

- Las virtudes del lado directivo son hacerse cargo, comunicación asertiva y empuje; sus vicios o peligros: sobrecontrol, dominante en las reuniones o demandante en exceso. Las virtudes del lado facilitador son el "empowerment" de la gente, la capacidad de escucha y el apoyo a los demás; sus vicios o peligros: confiar en lugar de verificar, ser permisivo o ser "demasiado bueno" o blando.

Dichos autores destacan el atributo de "versatilidad", que es la capacidad de moverse de un lado al otro de la dualidad, en función de la situación. Ellos han desarrollado y aplicado un instrumento que intenta medir la versatilidad del gerente. Sus resultados indican para cada uno de los cuatro lados de las dos dualidades si el gerente los utiliza en defecto o en exceso, o en la medida justa. Las investigaciones realizadas, tomando en consideración dichos resultados, arrojan las siguientes tendencias:

- Correlación negativa entre estratégico y operativo, y entre directivo y facilitador. Vale decir que, en la respectiva dualidad, si el gerente tiene mucho de un lado tiende a tener poco del otro. En línea con esto, un porcentaje menor de gerentes posee alta versatilidad.

- Correlación positiva entre versatilidad y eficacia gerencial.

Las típicas evaluaciones de desempeño, que califican las competencias o comportamientos por medio de una escala numérica (tácita o explícita), digamos de 1 a 5, no arrojan mayor información acerca del fenómeno indicado. Por ejemplo, una persona puede tener una calificación de 5 en una competencia A y una calificación 2 en una competencia B; pero estas calificaciones no dicen nada acerca de la debilidad potencial inherente a la competencia A, que es distinta de la debilidad en la competencia B. Por ello es muy importante hacer preguntas abiertas en torno al feedback positivo, a fin de explorar la posibilidad de que existan debilidades basadas en fortalezas.

**Debilidades basadas en fortalezas**

El abordaje de tales debilidades requiere la aplicación de ciertos conceptos fundamentales que aporta la psicología, los cuales están al alcance de la comprensión de quienes no somos profesionales de esta disciplina. Nos referimos especialmente a los siguientes aspectos:

- Los conocimientos acerca de la influencia de la personalidad sobre el comportamiento humano. En este campo, es importante el concepto de rasgo de personalidad: "tendencia distintiva a comportarse de cierta manera, a repetir patrones de conducta, más allá de los condicionamientos situacionales"; es lo que nos empuja a uno de los dos lados de las dualidades, como las resaltadas por Kaplan y Kaiser.

    M 75 - pág. 188
    M 82 - pág. 202

- Los avances de la psicología cognitiva, en el sentido de considerar que modificando la manera de pensar podemos cambiar las emociones y consecuentemente el comportamiento. Con relación a las debilidades basadas en fortalezas, suelen ser útiles las estrategias dirigidas a superar algunas de las falacias identificadas por Aaron Beck (uno de los fundadores del cognitivismo): el "pensamiento polarizado", que es la tendencia a pensar según los extremos bueno / malo, nunca / siempre, etc., y la "abstracción selectiva", que aísla ciertos aspectos de sucesos o situaciones, atribuyéndoles un valor excesivo en detrimento de otros.

    M 91 - pág. 227

# Problemas
## Disonancia cognitiva

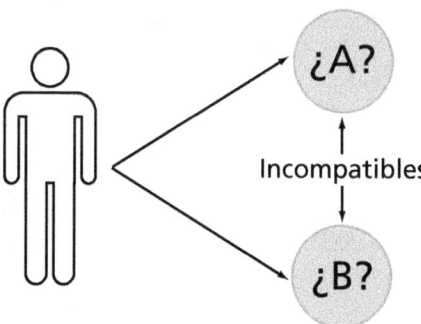

El concepto de disonancia cognitiva fue desarrollado por Leon Festinger en su libro *A Theory of Cognitive Dissonance* (Stanford University Press, 1957). Se refiere a la percepción por parte de una persona de cierta incompatibilidad entre dos cogniciones (pensamientos, creencias y emociones) y el impacto que esto tiene en sus actitudes. O sea, una disonancia cognitiva es una tensión que surge en el sistema de creencias de una persona al tener al mismo tiempo dos ideas o comportamientos que son incongruentes. Por ejemplo, una persona cree firmemente que cierto amigo es muy honesto y, de repente, lee en el diario que ha sido detenido como presunto autor de una estafa. Estas dos ideas opuestas le producen a la persona una disonancia cognitiva que le genera cierta tensión.

El autor sostiene que al percibir esta disonancia, la persona se ve automáticamente incentivada a esforzarse en generar nuevas ideas para reducir esa tensión hasta conseguir que el conjunto de sus creencias y actitudes se adapten entre sí, con el objetivo de construir una cierta coherencia interna. En el ejemplo traído en el párrafo precedente, la persona puede evitar la tensión adoptando la opinión de que "los diarios mienten".

La motivación para reducir la disonancia cognitiva surge como respuesta a la tensión psicológica que genera la incoherencia interna. La manera en que se produce la reducción de estas disonancias puede darse por el cambio tanto de creencias como de comportamientos. Por ejemplo, una persona con valores y creencias morales inculcados desde su infancia puede verse involucrada en acciones que ella misma rechazaría (por ejemplo, realizar una estafa). Entonces puede abandonar esas acciones o bien cambiar dichas creencias introduciendo valores superiores que justificarían su actitud: "lo hago para darle de comer a mi familia".

# Problemas
## Distorsiones cognitivas según Beck

M 91

Módulo antecedente
84

| |
|---|
| 1. Sobregeneralización |
| 2. Pensamiento polarizado |
| 3. Abstracción selectiva |
| 4. Magnificación y minimización |
| 5. Inferencia arbitraria |
| 6. Personalización |

Aaron Beck postula que una distorsión cognitiva es una forma de error en el procesamiento de información. Estas distorsiones están bastante ligadas con las ideas irracionales identificadas por Albert Ellis que desarrollamos en el módulo respectivo. Según aquel autor, las emociones proceden de la interpretación de los acontecimientos y no del propio suceso. Esta interpretación está mediada por los pensamientos que se tienen al respecto. En ocasiones, tenemos pensamientos que se alejan de la realidad y que hacen surgir emociones negativas, constituyendo lo que se denomina distorsiones cognitivas. Según la terapia cognitiva, tales distorsiones pueden producir una perturbación emocional.

M 88 - pág. 220

A continuación listamos las principales distorsiones cognitivas:

- Sobregeneralización. Se trata de tomar ciertos casos aislados y generalizar su validez extendiéndola a situaciones no relacionadas.

- Pensamiento polarizado. Consiste en percibir los eventos y las personas en términos absolutos, al estilo "todo o nada", "blanco o negro", "bueno o malo". Se evidencia en el uso de términos como "siempre", "nunca", "nada", etc. Se tiende a clasificar las experiencias en una o dos categorías opuestas y extremas evitando la evidencia de evaluaciones y hechos intermedios.

- Abstracción selectiva. Centrarse en un detalle extraído del contexto, usualmente negativo, de un evento o persona, ignorando y excluyendo el resto de las características, y valorar toda la experiencia sobre la base de ese detalle.

- Magnificación y minimización. Consiste en sobreestimar o subestimar las características de los eventos o las personas. Una forma en que se manifiesta es la "catastrofización", que implica imaginar el peor resultado posible de las situaciones, sin importar lo improbable de su ocurrencia.

- Inferencia arbitraria. Hace referencia al proceso de obtener una determinada conclusión en ausencia de evidencia que la apoye o incluso cuando la evidencia es contraria.

## Distorsiones cognitivas según Beck

- Personalización. Se asume que uno mismo u otros han causado eventos directamente, cuando efectivamente no fue así. Si se aplica a uno mismo puede producir ansiedad y culpa, y aplicado a otros produce enojo y ansiedad de persecución.

La terapia cognitiva busca que la persona ponga en duda su percepción. La idea es mostrar que esta percepción es solamente una de las posibles maneras de ver dichos aspectos, de interpretar los acontecimientos. Una vez que se logra, el objetivo es desarrollar formas alternativas de concebir la situación problemática.

Uno de los métodos más usados para combatir estas distorsiones es la técnica de "doble columna". Consiste en dividir una página y anotar los pensamientos automáticos que se van produciendo. Una vez hecho esto, se analiza cuál es la distorsión que se está aplicando y se la registra entre paréntesis. En la columna derecha se debe anotar una alternativa racional para dicho pensamiento. A continuación puede verse un ejemplo.

| PENSAMIENTO AUTOMÁTICO | PENSAMIENTO RACIONAL |
|---|---|
| Nada de lo que hago le parece bien a mi jefe. Siempre dice algo malo sobre mi trabajo. (Pensamiento polarizado) | Este trabajo no estuvo del todo bien. Puedo revisarlo y mejorarlo. Algunas veces mi jefe elogia mi desempeño. |

# Problemas
## El poder de la estupidez

M 92

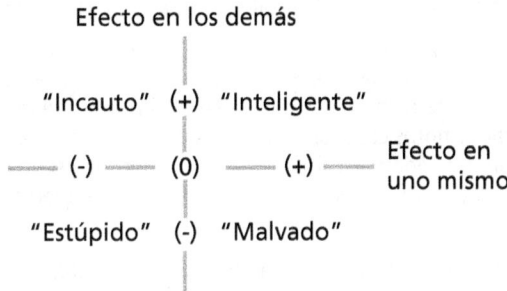

Este módulo está basado en el libro *El poder de la estupidez*, de Giancarlo Livraghi (Ares y Mares, 2010), que a su vez reconoce como antecedente fundamental la obra *Allegro ma non tropo*, de Carlo M. Cipolla (Crítica, 1991).

Dichos autores definen la estupidez y la inteligencia de un sujeto en función de los efectos prácticos de su comportamiento. A partir de esta definición elaboraron un modelo matricial compuesto por dos ejes:

••▶ M 60 - pág. 156

- El horizontal, que representa el efecto del comportamiento del sujeto respecto de sí mismo.

- El vertical, que representa el efecto del comportamiento del sujeto en otras personas.

En ambos ejes se distingue el comportamiento positivo (+) del negativo (-), configurando sendas escalas que van desde lo más positivo a lo más negativo, o viceversa, con el cero (0) centrado en el medio. Esto da lugar a cuatro tipos de comportamiento:

- "Inteligente" (cuadrante superior derecho), abarcativo de comportamientos positivos tanto para el sujeto como para los demás.

- "Incauto" (cuadrante superior izquierdo), abarcativo de comportamientos positivos para los demás pero negativos para el sujeto. Aquí se habla de "incautos" siempre y cuando el sujeto no sea consciente de lo negativo. Incluye también comportamientos "altruistas", lo cual puede abrir el interrogante de si en sustancia no cabe encuadrarlos en el área de lo inteligente.

- "Estúpido" (cuadrante inferior izquierdo), abarcativo de comportamientos negativos, tanto para el sujeto como para los demás.

- "Malvados" (cuadrante inferior derecho), abarcativo de comportamientos positivos para el sujeto pero negativos para los demás. Cipolla los denomina "bandidos" y Livraghi, "malvados".

M 92. Problemas
**El poder de la estupidez**

M 39 - pág. 120

Cada uno de los cuatro tipos de comportamiento puede ubicarse en distintos lugares dentro de su respectivo cuadrante, en función del grado positivo o negativo en cada eje.

Cipolla emplea dicha matriz para caracterizar a la persona como tal; o sea como un modelo de estilo personal. Livraghi sostiene que puede utilizarse no solo para caracterizar personas, sino también comportamientos puntuales, en el supuesto de que un mismo individuo puede adoptar distintos comportamientos según las circunstancias. Por otra parte, Livraghi señala que además cabe aplicarlo a grupos o sistemas extensos, como naciones, comunidades internacionales o incluso la humanidad en su conjunto.

A partir del modelo descripto, los autores concentran su atención en la estupidez. Destacan que la estupidez es impredecible y que constituye el factor más peligroso de toda la sociedad humana. Livraghi extrae tres corolarios importantes:

1. En cada uno de nosotros reside un factor de estupidez que es siempre mayor de lo que creemos.

2. Cuando la estupidez de una persona se combina con la estupidez ajena, el impacto crece de forma geométrica; esto es, por la multiplicación, no por la adición de los factores de estupidez individuales.

3. Combinar la inteligencia de distintas personas es más difícil que combinar la estupidez.

El mismo autor analiza la relación entre la estupidez y el poder. Señala que las personas o grupos poderosos pueden tener gran efecto sobre los demás; que no existe mayor correlación entre el poder y la inteligencia (por diversos motivos); y que la estupidez de los poderosos suele ser sumamente dañina. Adicionalmente, analiza la relación de la estupidez con la burocracia, la ignorancia, el miedo, las costumbres, la prisa, la astucia, la tecnología, el oscurantismo y la superstición.

El modelo descripto puede ser útil para examinar comportamientos propios y ajenos. Respecto de esto, es importante tener en cuenta que, en general, tendemos a enfocar el eje horizontal (de nuestro comportamiento) para analizar nuestra situación, y a enfocar el eje vertical (del comportamiento de otros) para analizar la situación de los demás. Sin embargo, es apropiado enfocar el eje horizontal también para analizar la situación ajena; vale decir, considerar el efecto de nuestras acciones en otras personas, tratando de ponernos "en sus zapatos".

# Problemas
## Gente difícil

| |
|---|
| Hostil-agresivo<br>    El tanque<br>    El intrigante<br>    El explosivo |
| El quejumbroso |
| El retraído |
| El súper-agradable |
| El sabelotodo |
| El evasivo |

Es muy probable que cada uno de nosotros tenga que tratar diariamente con personas problemáticas, que no brindan un trato de respeto y cordialidad, y que tienden a concentrarse en sí mismos y a ser egoístas. La forma en que manejamos a estas personas determina en gran medida el éxito en el trabajo y nuestra tranquilidad en la vida. En su libro *Cómo tratar con personas difíciles* (Deusto, 1993), Robert M. Bramson argumenta que es imprescindible aprender a lidiar con la gente difícil porque las consecuencias de no hacerlo son graves (clientes insatisfechos, jefes estresados, problemas para trabajar en equipo, desmotivación de las personas que trabajan con ellos, entre otras). Y, además, porque siempre va a haber personas difíciles en todas las organizaciones.

A continuación resumimos los tipos de personas difíciles que identificó Bramson y una serie de estrategias para lidiar con ellos.

**Tipos de personas difíciles**

HOSTIL – AGRESIVO

Existen tres tipos de personas hostiles-agresivas: el tanque, el intrigante y el explosivo. Todos son agresivos, beligerantes y ofensivos dentro de su estilo. A cada uno hay que tratarlo utilizando un enfoque levemente particular.

El tanque siempre quiere salirse con la suya intimidando a otros. Usa agresión, intimidación, y ataca tanto al problema como a la persona. Siente una necesidad muy fuerte de demostrar que siempre está en lo correcto y que tiene la razón. Para manejarlo es necesario darle tiempo para descargar, no discutir sobre lo que dice, pero no escaparle. Sea amable con él y concéntrese en el problema. Además, mírelo a los ojos y solicite que no lo interrumpa.

El intrigante es socialmente hábil, se muestra afable, desde donde ataca con indirectas, insinuaciones, bromas y alusiones, por lo general poco sutiles. Utiliza las restricciones sociales para crear un lugar protegido desde el cual ofender a las personas objeto

## M 93. Problemas
**Gente difícil**

de su ira o envidia. Busca que el otro explote. Para enfrentarlo trate de ponerlo en evidencia a solas, explicite su desilusión y pregunte qué intenta hacer. No se enoje con la parte ofensiva de la supuesta broma y pregúntele su intención nuevamente.

El explosivo es una persona que suele estallar cuando se siente frustrado o amenazado, pero después de un lapso sale de ese estado, muchas veces con remordimiento. La estrategia para lidiar con él es darle tiempo para que se agote, no reaccione por un rato y espere a que recupere el autocontrol. Luego escúchelo, es importante que tenga la sensación de ser tomado en serio. Ofrezca ayuda concreta y proponga un plan de acción. Por último, pídale un cambio de actitud para el futuro.

### EL QUEJUMBROSO

Ejerce una influencia negativa sobre los equipos y puede llegar a ser muy desmotivador. Suele poner reparos a todo, culpa a los demás o los acusa. Esto suele interferir con los progresos del entorno laboral y tener un impacto muy negativo sobre las relaciones interpersonales. Nunca remedia la situación porque se siente incapaz o porque niega su responsabilidad. Con el tiempo y a medida que las personas perciben su negatividad, deja de ser bienvenido en los grupos. Para manejarlo escúchelo atentamente y no reaccione, muestre que lo entiende, pero no se ponga de acuerdo, ni se disculpe. Por último, piense una solución al problema e involúcrelo activamente en ella.

### EL RETRAÍDO

Es muy tímido y le cuesta comunicarse. Responde a casi todas las preguntas negándose a hablar o con un "gruñido", un "sí" o un "no". No sabe participar cuando se necesita discutir un problema y provoca que los demás se exasperen. Es muy difícil saber cómo se siente o qué posición ha tomado. Muchas veces se convierte en un freno porque es incapaz de soportar el estrés. Para lidiar con él haga preguntas abiertas y tolere el silencio hasta que hable. Cuando se abra esté atento y déjelo ser abstracto o indirecto. Si no tiene éxito proponga suspender la reunión y explique la causa sin agredir. Establezca una nueva reunión para volver a hablar del tema.

### EL SÚPER-AGRADABLE

Quiere ser amigo de todo el mundo, y le encanta la atención. Reacciona de inmediato, siempre con un "sí". Es muy abierto y expresivo, pero no siempre genuino. Quiere agradar y dice lo que los demás quieren oír para ser aceptado. Concuerda con los planes ajenos, pero luego no cumple su parte. Para manejarlo no permita que haga compromisos que no son realistas. Trate de mantener sus tareas en un foco y si no cumple establezca un castigo.

### EL SABELOTODO

Generalmente es muy productivo, pero cuando se equivoca culpa a otros. Habla siempre en un tono de seguridad absoluta y actúa como si fuera moralmente superior, porque ve al resto como incompetente. Para manejarlo eficientemente prepárese para reunirse con él, obtenga mucha información. Intente dominar la conversación y repita lo que le dijo para mostrar atención y reconocimiento. Connote positivamente su habilidad y busque la manera de proponerle alternativas en forma de preguntas.

EL EVASIVO

Se compromete, pero no cumple con lo pactado. Siempre dilata las acciones y las decisiones. Necesita entregar el producto de más alto nivel y teme fallar, entonces opta por evadir, ya que esto le impide equivocarse o no lograr un nivel óptimo. Para lidiar con él, incentive la honestidad y haga explícito lo que está sucediendo. Nunca presione para que él tome la decisión, pero colabore con un análisis detallado y brinde apoyo cuando le parezca que la decisión está por tomarse.

## Estrategias generales para lidiar con gente difícil

Robert M. Bramson sostiene que hay ciertas estrategias generales que funcionan con las personas difíciles; a continuación las resumimos.

EVALUAR LA SITUACIÓN

Preguntarse si la persona es realmente problemática o si se trata de una dificultad debida a una situación particular. Una persona difícil se comporta de forma difícil continuamente. Un modo de saberlo es evaluando si la persona se ha comportado así en al menos tres situaciones similares.

NO INTENTAR CAMBIAR A LA PERSONA DIFÍCIL

Es muy frecuente querer que las personas cambien y que no se comporten como lo hacen o que lo hagan como nosotros queremos, pero eso no suele funcionar. Es mejor asumir que la persona no va a cambiar mágicamente. Lo más importante es saber que lo que hay que modificar es la interacción.

DISTANCIARSE DE LA CONDUCTA PROBLEMÁTICA

Dejar a un lado la irritación, la frustración y las ganas de cambiar a la persona difícil y observar la situación desde fuera; e incluso ponerse en su lugar. Esa es la única manera de entender las causas de su conducta y descubrir las pautas de su comportamiento, para decidir cómo actuar o responder. Suele funcionar no responder de la manera que esa persona espera.

DISEÑAR UN PLAN

Una vez que se haya analizado y comprendido la conducta de la persona difícil, es hora de idear una estrategia para salir de la situación. Lo más común es ponerse a

M 93. Problemas
**Gente difícil**

la defensiva e incluso contraatacar, pero eso suele no dar buenos resultados. En vez de tomarse a mal su actitud, es importante buscar alternativas que permitan lograr los objetivos. Por supuesto, la respuesta adecuada dependerá del tipo de persona problemática.

PONER EN PRÁCTICA EL PLAN

Es de suma importancia elegir el momento oportuno y decidir cuándo se dispone del tiempo y la energía necesarios. Tenga en cuenta que la persona no esté pasando por una situación estresante, ni que la situación sea extrema. Es importante practicar antes, mejor si es frente al espejo, en voz alta o con otra persona.

MONITOREAR LA EFECTIVIDAD DEL PLAN

Si el plan no muestra los resultados esperados, se deberá hacer modificaciones y volver a intentar mejorar la interacción.

No vamos a lograr que las personas difíciles cambien si no cambiamos nuestra estrategia para abordarlas. Tampoco podemos evitar que las personas difíciles existan, ni pretender que cambien espontáneamente. En este módulo nombramos estrategias específicas y generales para relacionarse con ellas eficazmente. Estas estrategias neutralizan sus efectos nocivos y, a su vez, incentivan los aportes positivos a la organización.

# Problemas
## Limitadores de carrera

Módulo antecedente
84

---

Con frecuencia hemos encontrado que ciertos ejecutivos vienen logrando éxito, cuentan con los conocimientos, las habilidades y la motivación que se necesitan para desarrollar una carrera ascendente dentro de una organización, pero en un momento dado encuentran ciertos limitadores, su progreso se ve estancado y su carrera descarrilada.

El Center for Creative Leadership, en el año 1980, investigó y definió las principales causas que generan dicho descarrilamiento. Las principales causas encontradas fueron las siguientes:

- Problemas interpersonales.
- Incapacidad para adaptarse a los cambios.
- Dificultades para formar, desarrollar y liderar un equipo.
- Excesivo foco en una habilidad funcional; falta de una visión integradora.

En el mismo estudio se concluyó que las personas que lograban éxito y persistían en su progreso en la organización se destacaban por su:

- Estabilidad emocional.
- Compostura.
- Habilidades interpersonales.
- Integridad.
- Capacidad de aprender de los propios errores.

Profundizando en la naturaleza de los limitantes, cabe citar el trabajo de Robert Hogan & Joyce Hogan (2001), quienes han encontrado una o más de las siguientes características entre los ejecutivos que descarrilaban en su carrera:

- Excesiva cautela.
- Arrogancia.

**M 94. Problemas**
**Limitadores de carrera**

- Falta de compostura.
- Excesiva argumentación / defensividad.
- Aislamiento.
- Desapego.
- Demasiada picardía.
- Sumisión.
- Comodidad.

Por su lado, Sydney Finkelstein (2003) ha definido los siete hábitos de los número uno que fracasaron en alguno de sus desafíos de carrera al estar a cargo de una organización. Entre ellos encontraron que:

- Ponen más foco en su compañía que en el contexto.
- Se identifican tanto con las empresas en las que trabajaban que pierden sus intereses personales.
- Piensan que tienen todas las respuestas.
- Subestiman obstáculos.
- Descansan en lo que lograron en el pasado.
- Eliminan los reportes directos que no están plenamente alineados con ellos.
- Se obsesionan con la imagen corporativa; encarnan en demasía el rol de vocero organizacional.

Lominger International ha definido los limitantes en tres categorías:

1. La falta de las siguientes competencias: capacidad de adaptarse a las diferencias, pensamiento estratégico, compostura, éxito al formar un equipo, sensibilidad hacia otros y/o habilidades de administración.
2. El exceso de ambición, dependencia en una sola habilidad, apoyo exagerado en un mentor y/u *overmanaging*.
3. La presencia de arrogancia, comportamientos defensivos, errores políticos y/o traición a la confianza depositada por otros.

Hughes, Ginnett y Curphy (2002) señalan que aproximadamente el 40% de los líderes promovidos tienen dificultades en su desempeño, y su carrera se ve limitada por las dificultades que encuentran al haber sido promovidos sin haber desarrollado previamente las habilidades / competencias requeridas para tener éxito en la nueva posición.

# Problemas
## Más de lo mismo

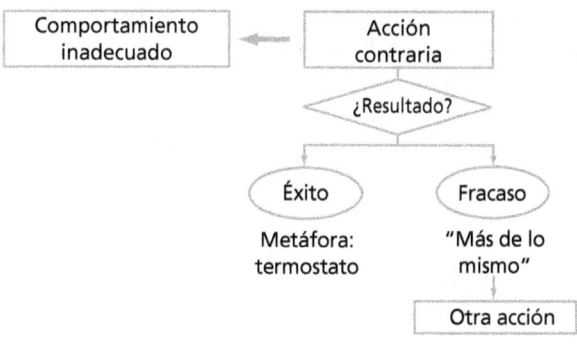

Muchos problemas implican comportamientos que se consideran inadecuados. En este orden, es común que el comportamiento de una persona (que identificamos como "el sujeto") no resulte satisfactorio para otra persona afectada por el comportamiento (que denominamos "el interesado"), y entonces esta pretende un cambio en el comportamiento del sujeto. Por ejemplo, un gerente está disconforme con la conducta muy poco comunicativa de un colaborador, y decide encarar una acción orientada a que el colaborador mejore en ese aspecto.

Supongamos que en tal tipo de situación el interesado le trasmite su insatisfacción al sujeto y le pide o reclama que cambie su comportamiento. Esta acción constituye una estrategia de proponer lo contrario del comportamiento en cuestión. A su vez, el sujeto puede proceder de dos maneras distintas:

A. Reaccionar positivamente al pedido o reclamo del interesado. En el ejemplo citado, podría ser que el colaborador tome conciencia de su falta y de buena gana encare el cambio correspondiente. En este caso la acción del interesado opera como un termostato: si la temperatura se aleja del nivel adecuado, un mecanismo contrario tiende a recuperar dicho nivel.

B. Reaccionar negativamente al pedido o reclamo del interesado. En el ejemplo citado, podría ser que el planteo del gerente le produzca malestar al colaborador, y que esta emoción le provoque reducir aún más la comunicación, en lugar de aumentarla. Valga la metáfora: en este caso el termostato no funciona.

Frente a la reacción B el interesado puede insistir en su pedido o reclamo, en una o más oportunidades. Y es factible que, a pesar de tal insistencia, el sujeto mantenga su reacción negativa. Vale decir que la acción del interesado no es efectiva. Se trata de un fenómeno caracterizado como "más de lo mismo". Se hace evidente que el interesado debe adoptar una estrategia diferente. En el ejemplo traído podría ser cortar drásticamente la comunicación con el colaborador, de manera que ahora sea este quien sufra la carencia, e intente recuperar la comunicación perdida, o incluso ir más lejos. Esta sería una estrategia paradójica.

M 95. Problemas
**Más de lo mismo**

El tema de este módulo ha sido muy bien tratado en el libro *Cambio*, de Paul Watzlawick, John H. Weakland y Richard Fisch (Herder, 1974), especialmente en el Capítulo III, titulado "'Más de lo mismo', o cuando la solución es el problema".

# Bibliografía

ARGYRIS, Chris: *Cómo vencer las barreras organizativas*. Díaz de Santos, 1993.

———: *Conocimiento para la acción*. Ediciones Granica, 1999.

AUREN, Uris: *The Realworld Management Deskbook*. Van Nostrand Reinhold, 1984.

BENNIS, Warren y NANUS, Burt: *Líderes*. Norma, 1985.

BLOCK, Peter: *Consultoría sin fisuras*. Ediciones Granica, 1994.

BOLTON, Robert y GROVER BOLTON, Dorothy: *People Styles at Work*. Amacom, 1996.

BRAMSON, Robert M.: *Cómo tratar con personas difíciles*. Deusto, 1993.

BRIDGES, William: *Dirigiendo el cambio*. Deusto, 2004.

BUCKINGHAM, Marcus y COFFMAN, Curt: *Primero, rompa todas las reglas*. Norma, 2000.

——— y CLIFTON, Donald O.: *Descubra sus fortalezas*. Norma, 2001.

CASTRO, Nelson: *Enfermos de poder*. Javier Vergara, 2005.

CAUVIN, Pierre y CAILLOUX, Geneviève: *Tipos de personalidad*. Mensajero, 2001.

COLOM, Roberto: *En los límites de la inteligencia*. Pirámide, 2002.

COMPTE-SPONVILLE, André: *Diccionario filosófico*. Paidós, 2003.

CONLEY, Chip: *Ecuaciones emocionales*. Ediciones B, 2012.

CLC: *Improving Talent Management Outcomes*. Corporate Leadership Council, 2007, 10ª edición.

DAVIS, Keith y NEWSTROM, John W.: *Comportamiento humano en el trabajo*. McGraw-Hill, 2000.

DORSCH, Friedrich: *Diccionario de Psicología*. Herder, 1994, 7ª edición.

ECHEVERRÍA, Rafael: *Ética y coaching ontológico*. Ediciones Granica, 2011.

FESTINGER, Leon: *A theory of Cognitive Dissonance*. Stanford University Press, 1957.

FIGINI, Alejandra Laura: *La inteligencia emocional aplicada a los recursos humanos*. Macchi, 2002.

FOLINO, Juan Carlos: *La decisión*. Temas, 2002.

FOURNIES, Ferdinand: *Por qué los empleados no hacen lo que se supone que deben hacer y qué hacer para corregirlo*. McGraw-Hill, 1991.

FREDRIKSON, Barbara: *Vida positiva*. Norma, 2009.

GARDNER, Howard: *Inteligencias múltiples*. Paidós, 1995.

———: *Mentes flexibles. El arte y la ciencia de saber cambiar nuestra opinión y la de los demás*, Paidós, 2004.

GOLEMAN, Daniel: *La inteligencia emocional*. Javier Vergara, 1996.

———: *La inteligencia emocional en la empresa*. Javier Vergara, 1999.

———: *El líder resonante crea más*. Plaza y Janés, 2002.

———: *El cerebro y la inteligencia emocional: nuevos descubrimientos*. Ediciones B, 2012.

———: *Liderazgo. El poder de la inteligencia emocional*. Ediciones B, 2013.

———: *Focus*. Kairós, 2013.

——— y CHERNISS, Cary: *Inteligencia emocional en el trabajo*. Kairós, 2005.

GOTTMAN, John: *Siete reglas para vivir en pareja*. De Bolsillo – Sudamericana, 2006.

HAMMOND, Sue Annis: *El breve libro de la indagación apreciativa*. Thin Book Publishing Company, 2004.

HERRMANN, Ned: *The Creative Brain*. Brain Books, 1988.

HERZBERG, Frederick: *La motivación para trabajar*. John Wiley & Sons, 1959.

HIRSH, Sandra y KUMMEROW, Jean: *Tipos de personalidad. Compréndete mejor y consigue dar lo mejor de ti mismo*. Paidós, 1998.

HOFFMAN, Edward: *Tests psicológicos*. Paidós, 2002.

KAPLAN, Robert E. y KAISER, Robert B.: *Fear Your Strengths*. Barrett – Koehler, 2013.

KARSON, Michael; KARSON, Samuel, y O´DELL, Jerry: *16 PF-5*. TEA, 1998.

KETS DE VRIES, Manfred y MILLER, Danny: *La organización neurótica*. Apóstrofe, 1993.

KOFMAN, Fredy: *Metamanagement*. Ediciones Granica, 2001.

KOLB, David: *Toward an Applied Theory of Experiential Learning*. John Wiley, 1975.

LAZZATI, Santiago: *El cambio del comportamiento en el trabajo*. Ediciones Granica, 2008.

———: *La toma de decisiones. Principios, procesos y aplicaciones*. Ediciones Granica, 2013 (de la Colección "Management en Módulos").

———: *Conversaciones de trabajo*. Ediciones Granica, 2014 (de la Colección "Management en Módulos").

LIVRAGHI, Giancarlo: *El poder de la estupidez*. Ares y Mares, 2010.

LOMBARDO, Michael y EICHINGER, Robert: *Diagnostic Competencies Map and Developmental Difficulty*. Lominger Limited, 2005.

MASLOW, Abraham: "A Theory of Human Motivation". *Psychological Review*, 1943.

McGREGOR, Douglas: *El aspecto humano de las empresas*. Diana, 1969

MERRIL, David W. y REID, Roger H.: *Personal Styles and Effective Performance*. Chilton Book Company, 1981.

MILLON, Theodore: *Inventario Millon de estilos de personalidad*. Paidós, 1997.

MINTZBERG, Henry: *Directivos, no MBAs*. Deusto, 2005.

MURADEP, Lidia: *Coaching para la transformación personal*. Ediciones Granica, 2009.

OLDHAM, John M. y MORRIS, Louis B.: *Autorretrato de la personalidad*. Tikal, 1995.

PARKISON, Mark: *Cómo dominar los cuestionarios de personalidad*. Gestión 2000, 2005.

PERVIN, Lawrence A.: *La ciencia de la personalidad*. McGraw-Hill, 1998.

PROCHASKA, James; NORCROSS, John, y DICLEMENTE, Carlo: *Changing for Good*. Avon Books, 1994.

REVANS, Reg: *The ABC of Action Learning*. International Foundation, 1983.

ROHM, Robert: *Descubra su verdadera personalidad*. Personality Insights, 1998.

SAVATER, Fernando: *La vida eterna*. Ariel, 2007.

SCHEIN, Edgar H.: *Career Anchors. Discovering Your Real Values*. Pfeiffer of Company, 1990.

———: *Consultoría de procesos*. Volúmenes I y II. Addison – Wesley, 1990 y 1998.

SCHUTZ, Will: *The Human Element*. Jossey Bass, 1994.

SELIGMAN, Martín E.P.: *La auténtica felicidad*. Zeta Bolsillo, 2004.

———: *Aprenda optimismo*. De Bolsillo, 2004.

SENGE, Peter: *La quinta disciplina*. Ediciones Granica, 1992.

SOHN, Anne y BENZIGER, I. Catherine: *The art of using your whole brain*. KBA Publishing, 1995.

STERNBERG, Robert J.: *Inteligencia exitosa*. Paidós, 2000.

MCCAULEY C.D., VAN VELSOR ELLEN, RUDERMAN MARIAN N. (editores): "Our View of Leadership Development". *Handbook of Leadership Development*. The Center for Creative Leadership, Jossey Bass, 1998.

WATZLAWICK, Paul; WEAKLAND, John H. y FISCH, Richard: *Cambio*. Herder, 1976.

# Apéndice

## Sistema de módulos del conocimiento®

El SISTEMA DE MÓDULOS DEL CONOCIMIENTO® (SMC) que presentamos en este texto responde al enfoque de integración entre trabajo y actividad educativa. El esquema básico del SMC representa un procedimiento específico para contribuir a la transferencia de la capacitación al trabajo, que forma parte de dicha integración. Pero la idea de desarrollar módulos de conocimiento puede expandirse mucho más allá del esquema básico. Por ejemplo, si la empresa emplea o va a emplear la llamada gestión por competencias, esta puede integrarse con el SMC. En última instancia, el SMC es una forma de *knowledge management* o gerencia del conocimiento.

El SMC es especialmente propicio para abordar temas conductuales. Sin embargo, cabe utilizarlo frente a otros contenidos temáticos.

A continuación, plantearemos el esquema básico del SMC. Suponemos que la empresa diseña adecuadamente sus actividades educativas, lo cual produce contenidos temáticos que habrán de incluir elementos valiosos para aplicar luego en el trabajo. Sin embargo, cuando los participantes de dichas actividades retornan a sus tareas suelen recurrir poco o nada a tales elementos. Estos quedan como "perdidos" dentro del material de capacitación. Una razón de ello puede ser que el ordenamiento didáctico de los materiales de capacitación no necesariamente constituye el acceso más favorable al momento de aplicarlos en el trabajo.

Una alternativa para superar el problema indicado es seleccionar y revisar los elementos más valiosos de los contenidos temáticos de la actividad educativa; en principio aquellos que reúnan las condiciones siguientes:

- Los de aplicación más generalizada.
- Los que signifiquen una clarificación conceptual importante.
- Los de mayor utilidad práctica.
- Los que suministren a la práctica una consistencia positiva, susceptible de ser acordada.

Denominamos "módulos" a los elementos así seleccionados y revisados. Un módulo puede ser:

- Un concepto clave (ejemplo: el de tablero de comando equilibrado).
- Un modelo fundamental (ejemplo: el de liderazgo situacional).

- La metodología de un proceso típico (ejemplo: la de resolución de problemas).
- Un *check list* a utilizar en una situación determinada (ejemplo: una lista de puntos a tomar en cuenta en una negociación).
- Un cuestionario de evaluación (ejemplo: el que pregunta sobre los atributos de un grupo para diagnosticar su grado de trabajo en equipo).
- Etcétera.

Los "módulos" se incorporan a un "repositorio", de acceso fluido durante el trabajo cotidiano. De esta manera, los contenidos temáticos, que tienden a constituirse en un archivo pasivo con respecto al trabajo, se convierten en un archivo activo de elementos valiosos, de aplicación efectiva.

El Gráfico 1 ilustra dicho esquema básico.

**Gráfico 1**

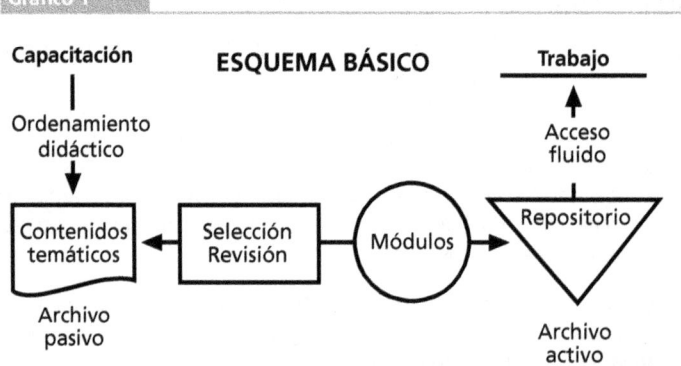

El esquema básico indicado es fácil de expandir. La fuente de los módulos puede estar constituida no solo por los contenidos temáticos de capacitación, sino también por procesos de cambio organizacional o mejora de la calidad, información externa sobre mejores prácticas, etc. Incluso la experiencia del propio trabajo puede generar módulos. Se trata de un archivo abierto que se va enriqueciendo continuamente. Por otra parte, el repositorio a su vez realimenta los sucesivos diseños educativos. Esto puede incluir no solo actividades de enseñanza presencial, sino también programas de autoestudio, material de apoyo al coaching, etcétera.

El Gráfico 2 resume lo antedicho.

### Gráfico 2

**SISTEMAS DE MÓDULOS DEL CONOCIMIENTO**

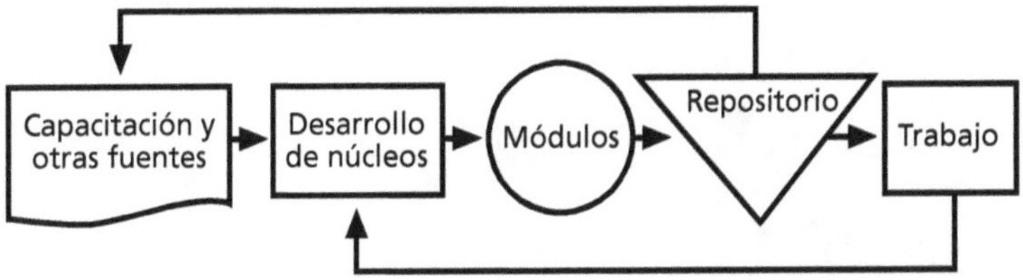

Capacitación y otras fuentes → Desarrollo de núcleos → Módulos → Repositorio → Trabajo

El SMC dispone de una metodología del proceso de desarrollo de los módulos, que abarca el análisis de las fuentes, los criterios de selección, los procedimientos de revisión, un formato estándar, la indicación de los protagonistas del proceso, etcétera.

El repositorio requiere cierta estructura lógica, que facilite el *input*, el archivo y la utilización de los módulos. Además es provechoso agregarle un glosario y mapas alternativos de navegación.

El SMC ofrece los siguientes beneficios:

- Ayuda en el trabajo, en tiempo real.
- Lenguaje común.
- Puente con otra información.
- Refuerzo de la capacitación.
- Calidad de los contenidos temáticos de la capacitación.
- Ordenamiento sistémico del conocimiento.

# Acerca de los autores

### SANTIAGO C. LAZZATI
### santiago@lazzati.com.ar

Es socio director de LAZZATI – CONSULTORES Y FORMADORES.
De 2010 a 2013 fue miembro externo del Comité de Auditoría de la "International Criminal Court", sita en La Haya, Holanda.
Contador Público Nacional, egresado de la Universidad de Buenos Aires.
Especialista en temas de management y comportamiento humano.
Experto reconocido mundialmente en el tema de Contabilidad e inflación.
Autor de dieciocho libros y múltiples artículos sobre administración de empresas.
Director de la carrera de Licenciatura en Administración y Gestión Empresarial de la Escuela de Economía y Negocios de la Universidad Nacional de San Martín. Profesor "emérito" de la Facultad de Ciencias Económicas de la Universidad Católica Argentina. Profesor invitado de otras Universidades e Instituciones de post-grado.
Conductor de seminarios y conferencias en muchos países de América *Brasil, Chile, Colombia, Ecuador, México, Perú, Uruguay, Venezuela, Estados Unidos de América) y de Europa: Alemania, Bélgica, España, Francia, Inglaterra, Italia, Portugal, Suecia, Suiza, Turquía

### MATÍAS TAILHADE
### matias.tailhade@molinos.com.ar

Es actualmente gerente de Recursos Humanos en Molinos, empresa para la cual fue líder corporativo de Desarrollo Organizacional.
Fue Senior Associate de Korn/Ferry International, donde asesoró compañías locales y de Latinoamérica en temas de gestión de talento y assesments de altos ejecutivos.
Anteriormente fue gerente a cargo de la práctica de Human Capital de Deloitte, estando a cargo de proyectos de gran envergadura en distintos temas de consultoría en RRHH.
Profesor part-time del MBA de la Escuela de Dirección de Empresas (EDDE). Fue Coordinador Académico del programa de Dirección de Recursos Humanos de la UADE (Universidad Argentina de la Empresa).
Ha obtenido el Executive MBA (Master ejecutivo en Administración y Dirección de empresas), IAE (Instituto de Altos Estudios empresariales) - Universidad Austral.
También ha completado programas de Recursos Humanos en escuelas de negocios de primer nivel como London Business School y Kellogs.
Es Coach Certificado por Lore International Institute, una de las instituciones más destacadas en proveer servicios de coaching ejecutivo, en el ámbito mundial.
Es licenciado en Psicología, recibido en la Universidad del Salvador, con un posgrado en Psicología cognitiva/sistémica.

### MERCEDES CASTRONOVO
### mercedescastronovo@yahoo.com.ar

Es consultora organizacional, ayudando a líderes a mejorar su desempeño. Forma parte del equipo dirigido por Hugo Hirsch, donde trabaja como instructora y coach tratando particularmente los temas de cambio de hábitos, influencia estratégica, coaching y feedback.
Se desempeña como consultora en capacitación y facilitadora en el equipo de Santiago Lazzati.
Trabaja como coach de salud para EAP Latina, donde aborda la temática de cambios personales para el desarrollo de hábitos saludables.
Es docente de la materia Intervenciones Comunitarias en la Maestría en Clínica Psicológica Cognitiva de la Universidad de Belgrano.
Es licenciada en Psicología, recibida en la Universidad de Buenos Aires, con posgrado en Psicoterapia Focalizada en el Modelo de Resolución de Problemas y Terapia Estratégica realizado en el Centro Privado de Psicoterapias, donde actualmente trabaja como psicóloga clínica.

www.ingramcontent.com/pod-product-compliance
Lightning Source LLC
Chambersburg PA
CBHW080434110426
42743CB00016B/3162